하루 10분
일본어 긍정 확언
필사 노트

문법도 단어도 어려운 초보를 위한
하루 10분, 일본어 긍정확언 필사 노트

초 판 1쇄 2025년 12월 02일

지은이 정규옥
펴낸이 류종렬

펴낸곳 미다스북스
본부장 임종익
편집장 이다경, 김가영
디자인 윤가희, 임인영
책임진행 이예나, 김요섭, 안채원, 김은진, 국소리

등록 2001년 3월 21일 제2001-000040호
주소 서울시 마포구 양화로 133 서교타워 711호
전화 02) 322-7802~3
팩스 02) 6007-1845
블로그 http://blog.naver.com/midasbooks
전자주소 midasbooks@hanmail.net
페이스북 https://www.facebook.com/midasbooks425
인스타그램 https://www.instagram.com/midasbooks

ⓒ 정규옥, 미다스북스 2025, *Printed in Korea.*

ISBN 979-11-7355-603-6 13730

값 19,000원

※ 파본은 구입하신 서점에서 교환해드립니다.
※ 이 책에 실린 모든 콘텐츠는 미다스북스가 저작권자와의 계약에 따라 발행한 것이므로 인용하시거나 참고하실 경우 반드시 본사의 허락을 받으셔야 합니다.

미다스북수는 다음세대에게 필요한 지혜와 교양을 생각합니다.

문법도 단어도
어려운 초보들을 위한

하루 10분
일본어 긍정확언
필사 노트

정규옥
지음

미다스북스

프롤로그　010

성장

DAY 1	나는 매일 조금씩 성장한다	014
DAY 2	나는 배움을 통해 발전한다	016
DAY 3	나는 실패 속에서 다시 일어난다	018
DAY 4	어제보다 나아진 내가 된다	020
DAY 5	나는 경험을 통해 지혜를 얻는다	022
DAY 6	오늘도 나는 한 걸음 앞으로 나아간다	024
DAY 7	나는 변해 가는 나를 사랑한다	026
DAY 8	오늘의 작은 노력은 내일의 큰 힘이 된다	028
DAY 9	나는 변화 속에서 기회를 찾는다	030
DAY 10	어려움은 나를 더 강하게 만든다	032

DAY 1 ~ DAY 10 복습　　　　　　　　　　　　　034

용기와 도전

DAY 11	나는 한계를 넘어선다	040
DAY 12	나는 멈추지 않고 나아간다	042
DAY 13	나는 내 안의 벽을 뛰어넘는다	044
DAY 14	도전은 새로운 길을 밝힌다	046
DAY 15	모험이 주는 설렘을 즐긴다	048
DAY 16	가능성 앞에서 두려워하지 않는다	050
DAY 17	내 가슴은 희망으로 가득하다	052
DAY 18	세상은 시도할 만한 가치가 있는 무대다	054
DAY 19	나는 용기를 낸 나를 자랑스럽게 생각한다	056
DAY 20	실패는 두려움이 아니라 과정일 뿐이다	058
DAY 11 ~ DAY 20 복습		060

인내와 끈기

DAY 21	포기하지 않는다면, 끝까지 이룰 수 있다	066
DAY 22	어려움 속에서도, 꿋꿋하게 버틴다	068
DAY 23	나의 노력은 결코 헛되지 않는다	070
DAY 24	어두운 터널을 벗어나면, 출구가 있다	072
DAY 25	나의 땀방울은 끈기의 증거이다	074
DAY 26	내 인내는 반드시 열매를 맺는다	076
DAY 27	나는 단단한 마음으로 목표에 다가간다	078
DAY 28	묵묵히 하루하루의 힘을 쌓아간다	080
DAY 29	지금 이 순간, 나는 꿈을 향해 걷고 있다	082
DAY 30	느리더라도 확실히 목표에 도달할 수 있다	084
DAY 21 ~ DAY 30 복습		086

자존감과 내면

DAY 31	꿈을 향한 자기긍정은 끝없이 이어진다	092
DAY 32	매일의 마음가짐이 미래의 길을 연다	094
DAY 33	나는 나 자신을 존중하며 하루를 시작한다	096
DAY 34	나를 소중히 하는 습관이 원하는 미래를 만든다	098
DAY 35	나는 나를 가장 잘 이해하는 사람이다	100
DAY 36	나의 잠재력은 계속 확장된다	102
DAY 37	내면의 목소리가 나를 올바른 길로 이끈다	104
DAY 38	나는 나의 강점을 살려 긍정적인 변화를 일으킨다	106
DAY 39	나는 내 감정과 선택에 책임을 진다	108
DAY 40	인생은 매 순간의 선택으로 이루어져 있다	110

DAY 31 ~ DAY 40 복습　　112

인간관계와 소통

DAY 41	내 주변에는 긍정적인 사람들이 가득하다	118
DAY 42	소중한 만남에 감사하며 하루를 보낸다	120
DAY 43	존중하는 태도는 신뢰를 만든다	122
DAY 44	오늘도 좋은 사람들과의 인연이 찾아온다	124
DAY 45	나는 진심으로 사람들과 좋은 관계를 맺는다	126
DAY 46	소중한 사람들에게 따뜻한 말을 전한다	128
DAY 47	용서를 통해 내 마음은 한층 더 자유로워진다	130
DAY 48	모든 만남은 나에게 의미 있는 선물이 된다	132
DAY 49	오늘 나는 내 감정을 솔직하게 표현한다	134
DAY 50	서로의 차이를 받아들일 때, 관계는 깊어진다	136

DAY 41 ~ DAY 50 복습　　138

행복과 마음

DAY 51	지금 이 순간을 기쁨으로 채운다	144
DAY 52	나는 매일 고마운 일을 찾는다	146
DAY 53	주변의 작은 것에서도 행복을 발견한다	148
DAY 54	오늘 나에게 주어진 모든 것에 만족한다	150
DAY 55	매 순간, 마음속으로 감사를 외친다	152
DAY 56	일상의 소소한 여유를 즐긴다	154
DAY 57	나는 사랑을 경험할 가치가 있는 사람이다	156
DAY 58	오늘도 웃을 수 있음에 진심으로 감사한다	158
DAY 59	나는 나의 행복을 스스로 만들 수 있다	160
DAY 60	오늘 하루를 충분히 평안하게 느낀다	162
DAY 51 ~ DAY 60 복습		**164**

시간과 삶의 지혜

DAY 61	오늘 하루의 시작을 소중히 여긴다	170
DAY 62	아침의 공기를 느끼며 마음을 가볍게 한다	172
DAY 63	나는 오늘의 시간을 긍정적인 에너지로 채운다	174
DAY 64	시간은 나에게 인생의 의미를 알려 준다	176
DAY 65	하루의 작은 순간을 즐겁게 기록한다	178
DAY 66	오늘 만난 사람들을 따뜻한 마음으로 떠올린다	180
DAY 67	모든 순간은 선물임을 기억하고 있다	182
DAY 68	지나간 시간은 나에게 가치 있는 교훈을 남긴다	184
DAY 69	매일 구체적인 계획으로 시간을 가치 있게 만든다	186
DAY 70	하루를 충실히 보내며 스스로를 만족시킨다	188
DAY 61 ~ DAY 70 복습		**190**

8부 극복과 변화

DAY 71	나는 매일 새로운 나로 다시 태어난다	196
DAY 72	변화를 통해 더 넓은 세상을 경험한다	198
DAY 73	한계를 넘어 새로운 가능성을 찾는다	200
DAY 74	내 앞에 있는 장애는 모두 극복할 수 있다	202
DAY 75	어떤 시련도 내 의지를 꺾을 수 없다	204
DAY 76	넘어져도 일어날 용기가 있다	206
DAY 77	나는 위기를 기회로 받아들인다	208
DAY 78	과거의 나를 놓아주고, 더 나은 나를 선택한다	210
DAY 79	내 삶은 끊임없는 도전 속에서 빛난다	212
DAY 80	나는 두려움 대신 희망을 선택한다	214
DAY 71 ~ DAY 80 복습		216

9부 꿈과 희망

DAY 81	매일 아침, 웃는 얼굴로 최고의 하루를 그린다	222
DAY 82	별처럼 반짝이는 꿈을 안고 살아간다	224
DAY 83	오늘의 한 걸음이 꿈으로 향하는 길이 된다	226
DAY 84	희망을 안고 새로운 도전을 시작한다	228
DAY 85	미래의 모습을 떠올리며 힘을 얻는다	230
DAY 86	나답게 사는 하루가 미래를 빛낸다	232
DAY 87	앞으로의 길은 희망으로 가득하다	234
DAY 88	눈을 감아도, 나의 꿈은 선명하게 보인다	236
DAY 89	지금 상상하는 것이, 미래로 연결된다	238
DAY 90	마음속 소망을 현실로 바꿀 수 있다	240
DAY 81 ~ DAY 90 복습		242

10부 인생과 철학

DAY 91	나는 있는 그대로의 나를 받아들인다	248
DAY 92	사랑은 나눌수록 깊어진다	250
DAY 93	나의 생각은 현실을 만들고, 현실은 나를 변화시킨다	252
DAY 94	오늘 하루, 긍정적인 마음으로 세상과 마주한다	254
DAY 95	나는 한정된 시간 속에서 영원한 가치를 발견한다	256
DAY 96	스스로를 격려하며, 마음을 가다듬는다	258
DAY 97	내 삶의 주인공은 나 자신이다	260
DAY 98	매 순간 최선을 다하는 삶을 살아간다	262
DAY 99	매일 아침, 미소와 감사의 마음으로 하루를 시작한다	264
DAY 100	모든 일이 순조롭게 흘러가리라 믿는다	266

DAY 91 ~ DAY 100 복습   268

부록 1   일본어 속담 따라 쓰기   272
부록 2   핵심 단어 200개 따라 쓰기   277

에필로그   286

프롤로그

하루 10분,
일본어 긍정확언과 함께 하는
100일 필사 노트

　하루 10분, 일본어 긍정확언과 함께 하는 100일의 여정에 함께 하게 되어 정말 반갑습니다.

　일본어를 배우려는 많은 분들이 처음에는 막막함과 어려움을 느끼기 쉽습니다. 낯선 글자와 많은 한자들, 복잡한 문법 앞에서 지치기도 하고, 그러다 보면 어느 순간 포기하고 싶은 마음이 들기도 합니다. 그래서 이 책은 일본어를 배우기 시작했지만 생각처럼 되지 않아 고민하고 계신 초보자 분들을 위해 기획되었습니다. '하루 10분, 한 문장씩, 100일 동안 꾸준히'라는 작은 목표 아래, 기분을 밝게 해 주는 긍정확언을 반복하며, 일본어가 지루한 외국어가 아닌 일상 속에 자연스럽게 스며들어 자신 있게 배울 수 있는 또 하나의 언어가 될 수 있도록 도와줄 것입니다.

이 책 속의 100개의 긍정확언은 '성장', '용기', '인내', '행복', '꿈' 등 우리 모두가 마음속에 품고 살아가는 소중한 가치들을 담고 있습니다. 손으로 쓰면 뇌가 더 잘 기억한다고 하지요. 딱딱한 문장이 아닌 마음을 따뜻하게 하는 긍정확언을 손으로 따라 쓰면서, 일본어 공부뿐만 아니라 자신을 돌아보고 자신감도 함께 얻으시길 바라는 마음으로 문장들을 모았습니다.

　총 10개의 주제별로 각 10개씩의 긍정확언 문장과 일본어 초보자라면 알아두어야 할 필수 단어, 그리고 문장 속 단어를 활용한 다양한 상황별 회화문장을 실었습니다. 각각의 상황을 상상하며 연습해 보신다면, 더욱 즐거운 100일 여정이 될 것입니다. 자주 나오는 단어와 표현들은 복습한다는 마음으로 익혀 주시기 바랍니다. 본문에 나온 문장 속 단어 200개와 알아두면 좋을 속담 20가지도 부록에 담았으니 회화 실력 향상에도 도움이 되시길 바랍니다.

　하루 10분이면 충분합니다. 손으로 따라 쓰다 보면 어느새 일본어가 스며드는 기적을 경험하게 되실 겁니다. 매일 한 문장씩 일본어 긍정확언과 그 속에 담긴 뜻을 되새기다 보면, 자연스럽게 단어와 문장 구조가 머릿속에 자리 잡아, 계속해서 배우고 싶다는 용기가 솟아날 것입니다. 더불어 이 여정이 단순한 언어 학습에 그치지 않고, 여러분의 삶에 긍정적인 변화와 희망을 가져다주는 소중한 시간이 되기를 진심으로 바랍니다.

10일 학습 스케줄표

DAY 1	DAY 2	DAY 3	DAY 4	DAY 5
월 일	월 일	월 일	월 일	월 일

DAY 6	DAY 7	DAY 8	DAY 9	DAY 10
월 일	월 일	월 일	월 일	월 일

학습을 마친 DAY와 학습 날짜 체크하기

1부

성장

광기란 똑같은 일을 반복하면서
다른 결과를 기대하는 것이다.

알버트 아인슈타인 (1879~1955, 독일 물리학자)

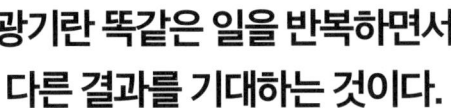

アルベルト・アインシュタイン

[쿄-키토와, 오나지 코토오 쿠리카에시나가라,
코토나루 켁카오 키타이 스루 코토데 아루.]

오늘의 문장

나는 매일 조금씩 성장한다.

私わたしは毎日まいにち少すこしずつ成長せいちょうする。

[와타시와 마이니치 스코시즈츠 세-쵸- 스루.]

따라 쓰기

私は毎日少しずつ成長する。
___
___
___

주요단어

- 私 [와타시] 나
- 毎日 [마이니치] 매일
- 少しずつ [스코시즈츠] 조금씩
- 成長 [세-쵸-] 성장
- する [스루] 하다

말해보기

선생님 : 매일 공부하고 있나요?

毎日勉強していますか？

[마이니치 벤쿄- 시테 이마스카?]

학생 : 네, 조금씩 공부하고 있습니다.

はい、少しずつ勉強しています。

[하이, 스코시즈츠 벤쿄- 시테 이미스.]

오늘의 문장

나는 배움을 통해 발전한다.

私は学びを通じて発展する。
わたし まな つう はってん

[와타시와 마나비오 츠-지테 핫텐 스루.]

따라 쓰기

私は学びを通じて発展する。
_____

_____

_____

주요단어

- 学び [마나비] 배움, 학습
- ~を通じて [~오 츠-지테] ~를 통하여 (通じて [츠-지테] 통틀어)
- 発展 [핫텐] 발전

말해보기

선생님 : 책을 읽었나요?

本を読みましたか？

[홍오 요미마시타카?]

학생 : 네, 책을 통해 새로운 것을 배웠습니다.

はい、本を通じて新しいことを学びました。

[하이, 홍오 츠-지테 아타라시이 코토오 마나비마시타.]

오늘의 문장

나는 실패 속에서 다시 일어난다.

私(わたし)は失敗(しっぱい)の中(なか)で再(ふたた)び立(た)ち上(あ)がる。

[와타시와 십파이노 나카데 후타타비 타치아가루.]

따라 쓰기

私は失敗の中で再び立ち上がる。

주요단어

- **失敗** [십파이] 실패
- **中** [나카] 속
- **再び** [후타타비] 다시
- **立ち上がる** [타치아가루] 일어나다

> 立ち上がる는 동사 立つ(서다)와 上がる(오르다, 올라가다)가 결합된 복합동사로, '넘어져 있던 상태에서 다시 일어서다.', '다시 시작하다.'라는 뜻을 나타냅니다.

말해보기

선생님 : 어제 시험은 어땠나요?

昨日のテストはどうでしたか？

[키노-노 테스토와 도-데시타카?]

학생 : 조금 실패했습니다.

ちょっと失敗しました。

[촛토 십파이 시마시타.]

DAY 4

오늘의 문장

어제보다 나아진 내가 된다.

昨日(きのう)よりよくなった私(わたし)になる。

[키노- 요리 요쿠 낫타 와타시니 나루.]

따라 쓰기

昨日よりよくなった私になる。

주요단어

- 昨日 [키노-] 어제
- よくなった [요쿠 낫타] 나아졌다, 좋아졌다
- よくなる [요쿠 나루] 나아지다, 좋아지다
- ~になる [~니 나루] ~가 되다

말해보기

선생님 : 어제는 어떻게 된 거예요?

> 昨日はどうしたんですか？
>
> [키노-와 도-시탄데스카?]

학생 : 조금 열이 있었지만, 오늘은 좋아졌습니다.

> 少し熱がありましたが、今日はよくなりました。
>
> [스코시 네츠가 아리마시타가, 쿄-와 요쿠 나리마시타.]

오늘의 문장

나는 경험을 통해 지혜를 얻는다.

私は経験を通じて知恵を得る。
<small>わたし けいけん つう ちえ え</small>

[와타시와 케-켄오 츠-지테 치에오 에루.]

따라 쓰기

私は経験を通じて知恵を得る。

주요단어

- 経験 [케-켄] 경험
- 知恵 [치에] 지혜
- 得る [에루] 얻다

말해보기

선생님 : 선배에게 무엇을 배웠나요?

先輩から何を学びましたか？

[센파이카라 나니오 마나비마시타카?]

학생 : 선배의 경험으로부터 지혜를 배웠습니다.

先輩の経験から知恵を学びました。

[센파이노 케-켄카라 치에오 마나비마시타.]

DAY
6

오늘의 문장

오늘도 나는 한 걸음 앞으로 나아간다.

きょう　わたし　いっぽぜんしん
今日も私は一歩前進する。

[쿄-모 와타시와 입포 젠신 스루.]

따라 쓰기

今日も私は一歩前進する。

주요단어

- **今日** [쿄-] 오늘
- **一步** [입포] 한 걸음
- **前進** [젠신] 전진, 앞으로 나아감

말해보기

학생 : 좀처럼 한 걸음 앞으로 나아갈 용기가 나지 않습니다.

なかなか一歩前進する勇気が出ません。

[나카나카 입포 젠신 스루 유-키가 데마셍.]

선생님 : 작은 한 걸음이라도 괜찮으니, 앞으로 나아가 봐.

小さな一歩でいいから、前に進んでごらん。

[치-사나 입포데 이이카라, 마에니 스슨데 고란.]

오늘의 문장

나는 변해 가는 나를 사랑한다.

私は変わっていく自分を愛する。
<small>わたし か じぶん あい</small>

[와타시와 카왓테 이쿠 지분오 아이 스루.]

따라 쓰기

私は変わっていく自分を愛する。

주요단어

- 変わっていく [카왓테 이쿠] 변해 가다
- 自分 [지분] 나, 자기, 자신, 스스로
- 愛する [아이 스루] 사랑하다

変わっていく는 変わる(변하다)의 て형인 変わって에 '가다.'라는 뜻의 いく가 결합된 표현으로, 동작이나 상태가 시간의 경과에 따라 '앞으로 점점 변해간다.', '계속 변화한다.'는 뜻을 나타냅니다.

말해보기

선생님 : 요즘 많이 성장하고 있네요.

最近、大きく成長していますね。

[사이킨, 오-키쿠 세-쵸- 시테 이마스네.]

학생 : 네, 스스로도 변해 가고 있다고 느끼고 있습니다.

はい、自分でも変わっていくと感じています。

[하이, 지분데모 카왓테 이쿠토 칸지테 이마스.]

오늘의 문장

오늘의 작은 노력은 내일의 큰 힘이 된다.

今日の小さな努力は明日の大きな力になる。
(きょう/ちい/どりょく/あした/おお/ちから)

[쿄-노 치-사나 도료쿠와 아시타노 오-키나 치카라니 나루.]

따라 쓰기

今日の小さな努力は明日の大きな力になる。

주요단어

- **小さな** [치-사나]   작은 (小さい [치-사이] 작다)
- **努力** [도료쿠]   노력
- **明日** [아시타]   내일
- **大きな** [오-키나]   큰 (大きい [오-키이] 크다)
- **力** [치카라]   힘

말해보기

선생님 : 여러분, 큰 꿈을 가지세요.

みなさん、大きな夢を持ってください。

[미나상, 오-키나 유메오 못테 쿠다사이.]

학생 : 네, 꿈을 이루기 위해 노력하겠습니다.

はい、夢を叶えるために努力します。

[하이, 유메오 카나에루 타메니 도료쿠 시마스.]

오늘의 문장

나는 변화 속에서 기회를 찾는다.

私は変化の中でチャンスを見つける。

[와타시와 헨카노 나카데 챤스오 미츠케루.]

따라 쓰기

私は変化の中でチャンスを見つける。

주요단어

- 変化 [헨카] 변화
- チャンス [챤스] 기회
- 見つける [미츠케루] 찾다, 발견하다

말해보기

학생 : 주변 변화에 따라가지 못해서, 기회를 찾는 것이 어렵습니다.

周りの変化についていけず、チャンスを見つけるのが難しいです。

[마와리노 헨카니 츠이테 이케즈, 챤스오 미츠케루노가 무즈카시이데스.]

선생님 : 변화 속에서 기회를 찾는 것이, 성장이야.

変化の中でチャンスを見つけるのが、成長だよ。

[헨카노 나카데 챤스오 미츠케루노가, 세-쵸-다요.]

DAY
10

오늘의 문장

어려움은 나를 더 강하게 만든다.

困難(こんなん)は私(わたし)をもっと強(つよ)くする。

[콘난와 와타시오 못토 츠요쿠 스루.]

따라 쓰기

困難は私をもっと強くする。

주요단어

- **困難** [콘난] 곤란, 어려움
- **もっと** [못토] 더, 더욱, 한층
- **強くする** [츠요쿠 스루] 강하게 만들다, 강하게 하다

> 強くする는 強い(강하다)의 부사형 強く에 동사 する(하다)가 결합된 표현으로, '~하게 하다(강하게 만들다).'라는 뜻을 나타냅니다.

말해보기

선생님 : 오늘 실습은 어땠나요?

今日の実習はどうでしたか？

[쿄-노 짓슈-와 도-데시타카?]

학생 : 어려웠지만, 더 연습하겠습니다.

難しかったですが、もっと練習します。

[무즈카시캇타데스가, 못도 렌슈- 시마스.]

DAY 1 ~ DAY 10 복습

❶ 주어진 단어들로 문장을 완성하세요.

1. 나는 경험을 통해 지혜를 얻는다.
   経験を/得る/知恵を/私は/通じて

2. 오늘도 나는 한 걸음 앞으로 나아간다.
   私は/前進する/今日も/一歩

3. 나는 실패 속에서 다시 일어난다.
   再び/立ち上がる/失敗の中で/私は

4. 오늘의 작은 노력은 내일의 큰 힘이 된다.
   明日の/小さな/力になる/今日の/努力は/大きな

5. 나는 매일 조금씩 성장한다.
   成長する/毎日/少しずつ/私は

❷ 빈 칸에 들어갈 말을 적어 보세요.

6. 나는 배움을 통해 발전한다.
   私は学び(　)通じて発展する

7. 어제보다 나아진 내가 된다.
   昨日より(　)なった私になる

8. 나는 변해 가는 나를 사랑한다.
   私は変わっていく自分を(　)する

9. 나는 변화 속에서 기회를 찾는다.
   私は変化の(　)でチャンスを見つける

10. 어려움은 나를 더 강하게 만든다.
    困難は私を(　)強くする

1. 私は経験を通じて知恵を得る。
2. 今日も私は一歩前進する。
3. 私は失敗の中で再び立ち上がる。
4. 今日の小さな努力は明日の大きな力になる。
5. 私は毎日少しずつ成長する。
6. を
7. よく
8. 愛
9. 中
10. もっと

작은 씨앗이 자라는 시간

10일 동안 여러분은 매일 일본어와 긍정의 말을 만났습니다.

아직은 작은 씨앗 같지만, 흙을 뚫고 올라오는 힘은 이미 생겨났습니다.

성장은 눈에 잘 보이지 않을 때 더 크게 이루어집니다.

조급해하지 말고, 이 10일을 밑거름 삼아 앞으로의 여정을 이어가세요.

10일 학습 스케줄표

DAY 11	DAY 12	DAY 13	DAY 14	DAY 15
월 일	월 일	월 일	월 일	월 일

DAY 16	DAY 17	DAY 18	DAY 19	DAY 20
월 일	월 일	월 일	월 일	월 일

학습을 마친 DAY와 학습 날짜 체크하기

용기와 도전

**용기란 두려움이 없는 것이 아니라,
두려움을 극복하는 것이다.**

넬슨 만델라 (1918-2013, 남아프리카공화국 제8대 대통령)

勇気とは恐れを知らないことではなく、
恐れに打ち勝つことだ。

ネルソン・マンデラ

[유-키토와 오소레오 시라나이 코토 데와나쿠,
오소레니 우치카츠 코투다.]

DAY
11

오늘의 문장

나는 한계를 넘어선다.

わたし　げんかい　こ
私は限界を超える。

[와타시와 겐카이오 코에루.]

따라 쓰기

私は限界を超える。

주요단어

- 限界 [겐카이] 한계
- 超える [코에루] 넘다, 넘어서다

말해보기

아빠 : 한계는 스스로 정하는 거야.

限界は自分で決めるものだぞ。

[겐카이와 지분데 키메루 모노다조.]

아들 : 네, 아직은 제 한계를 모르겠어요.

はい、まだ自分の限界がわかりません。

[하이, 마다 지분노 겐카이가 와카리마셍.]

오늘의 문장

나는 멈추지 않고 나아간다.

私は止まらずに進む。

[와타시와 토마라즈니 스스무.]

따라 쓰기

私は止まらずに進む。

주요단어

- 止まらずに [토마라즈니] 멈추지 않고
- 進む [스스무] 나아가다

止まらずに는 동사 止まる(멈추다)의 부정형 止まらない에서 ない를 ず로 바꾼 후, 뒤에 に를 붙인 표현으로, '〜ずに'는 구어체의 '〜ないで'와 같은 의미로, '~하지 않고', '~하지 않은 채로'라는 의미를 나타냅니다.

말해보기

아빠: 멈추지 말고 끝까지 가 봐라.

止まらずに最後まで行ってみろ。

[토마라즈니 사이고마데 잇테 미로.]

아들: 네, 포기하지 않고 계속할게요.

はい、あきらめずに続けます。

[하이, 아키라메즈니 츠즈케마스.]

DAY 13

오늘의 문장

나는 내 안의 벽을 뛰어넘는다.

わたし　じぶん　なか　かべ　の　こ
私は自分の中の壁を乗り越える。

[와타시와 지분노 나카노 카베오 노리코에루.]

따라 쓰기

私は自分の中の壁を乗り越える。

주요단어

- 壁 [카베] 벽
- 乗り越える [노리코에루] 뛰어넘다, 극복하다

乗り越える는 동사 乗る(타다)와 越える(넘다)가 결합된 복합동사로, '뛰어넘다.', '극복하다.'라는 뜻을 나타냅니다.

말해보기

아빠 : 누구에게나 마음의 벽은 있어.

誰にでも心の壁はあるんだ。

[다레니데모 코코로노 카베와 아룬다.]

아들 : 네, 그 벽을 넘어볼게요.

はい、その壁を乗り越えてみます。

[하이, 소노 카베오 노리코에테 미마스.]

오늘의 문장

도전은 새로운 길을 밝힌다.

挑戦は新しい道を照らす。
(ちょうせん あたら みち て)

[쵸-센와 아타라시이 미치오 테라스.]

따라 쓰기

挑戦は新しい道を照らす。

주요단어

- 挑戦 [쵸-센] 도전
- 新しい [아타라시이] 새롭다
- 道 [미치] 길
- 照らす [테라스] 밝히다, 비추다

말해보기

아빠 : 도전은 무섭지만, 그만큼 재밌어.

挑戦は怖いけど、その分楽しいぞ。

[쵸-센와 코와이케도, 소노분 타노시이조.]

아들 : 네, 저도 새로운 일에 도전해 보고 싶어요.

はい、僕も新しいことに挑戦してみたいです。

[하이, 보쿠모 아타라시이 코토니 쵸-센 시테 미타이데스.]

DAY
15

오늘의 문장

모험이 주는 설렘을 즐긴다.

ぼうけん　あた　たの
冒険が与えるときめきを楽しむ。

[보-켄가 아타에루 토키메키오 타노시무.]

따라 쓰기

冒険が与えるときめきを楽しむ。

주요단어

- 冒険 [보-켄] 모험
- 与える [아타에루] 주다, 제공하다
- ときめき [토키메키] 설렘, 두근거림
- 楽しむ [타노시무] 즐기다

말해보기

아빠: 모험은 늘 가슴이 두근거려.

冒険はいつも胸がときめくよ。

[보-켄와 이츠모 무네가 토키메쿠요.]

아들: 네, 그래서 새로운 곳에 가면 설레요.

はい、だから新しい場所に行くとわくわくします。

[하이, 다카라 아타라시이 바쇼니 이쿠토 와쿠와쿠 시마스.]

DAY 16

오늘의 문장

가능성 앞에서 두려워하지 않는다.

可能性の前で怖がらない。
(かのうせい の まえ で こわ がらない)

[카노-세-노 마에데 코와가라나이.]

따라 쓰기

可能性の前で怖がらない。

주요단어

- **可能性** [카노-세-] 가능성
- **前** [마에] 앞
- **怖がらない** [코와가라나이] 두려워하지 않는다
- **怖がる** [코와가루] 두려워하다, 무서워하다

말해보기

아빠: 가능성은 도전하는 사람에게 생기는 거야.

可能性は挑戦する人に生まれるんだ。

[카노-세-와 쵸-센 스루 히토니 우마레룬다.]

아들: 네, 두렵지만 해볼게요.

はい、怖いですがやってみます。

[하이, 코와이데스가 얏테 미마스.]

DAY
17

오늘의 문장

내 가슴은 희망으로 가득하다.

わたし むね きぼう み
私の胸は希望で満ちている。

[와타시노 무네와 키보-데 미치테 이루.]

따라 쓰기

私の胸は希望で満ちている。

주요단어

- 胸 [무네] 가슴
- 希望 [키보-] 희망
- 満ちる [미치루] 차다, 가득하다

> 満ちている는 동사 満ちる(가득하다)의 ている형으로, 어떤 공간이나 상태가 가득 차거나 넘치는 상태가 계속되고 있음을 나타냅니다.

말해보기

아빠: 가슴속의 희망을 잃지 마라.

胸の中の希望をなくすなよ。

[무네노 나카노 키보-오 나쿠스나요.]

아들: 네, 항상 희망을 가지고 있을게요.

はい、いつも希望を持ち続けます。

[하이, 이츠모 키보-오 모치츠즈케마스.]

오늘의 문장

세상은 시도할 만한 가치가 있는 무대다.

世界(せかい)は試(こころ)みる価値(かち)のある舞台(ぶたい)だ。

[세카이와 코코로미루 카치노 아루 부타이다.]

따라 쓰기

世界は試みる価値のある舞台だ。
_____

_____

_____

주요단어

- **世界** [세카이] 세계, 세상
- **試みる** [코코로미루] 시도하다, 시험하다
- **価値** [카치] 가치
- **ある** [아루] 있다
- **舞台** [부타이] 무대

말해보기

아빠 : 세상은 도전하는 사람의 무대야.

世界は挑戦する人の舞台だぞ。

[세카이와 쵸-센 스루 히토노 부타이다조.]

아들 : 네, 저도 제 무대에서 노력할게요.

はい、僕も自分の舞台で頑張ります。

[하이, 보쿠모 지분노 부타이데 간바리마스.]

DAY
19

오늘의 문장

나는 용기를 낸 나를 자랑스럽게 생각한다.

わたし ゆうき だ じぶん ほこ おも
私は勇気を出した自分を誇りに思う。

[와타시와 유-키오 다시타 지분오 호코리니 오모우.]

따라 쓰기

私は勇気を出した自分を誇りに思う。

주요단어

- **勇気** [유-키] 용기
- **出す** [다스] 내다, 꺼내다
- **誇り** [호코리] 자랑, 긍지
- **思う** [오모우] 생각하다

말해보기

아빠: 오늘, 용기를 냈구나. 잘했어.

今日、勇気を出したな。よくやった。

[쿄-, 유-키오 다시타나. 요쿠 얏타.]

아들: 고맙습니다. 조금 자신이 생겼어요.

ありがとうございます。少し自信がつきました。

[아리가토- 고자이마스. 스코시 지신가 츠키마시타.]

오늘의 문장

실패는 두려움이 아니라 과정일 뿐이다.

失敗は恐れではなく、過程にすぎない。
(しっぱい) (おそ)   (かてい)

[십파이와 오소레 데와나쿠, 카테-니 스기나이.]

따라 쓰기

失敗は恐れではなく、過程にすぎない。

주요단어

- **恐れ** [오소레] 두려움, 공포
- **過程** [카테-] 과정

| ではなくは '~ではない'(부정)의 연속 형태로, '~이/가 아니라.'라는 뜻을 나타냅니다.
| にすぎないは '~에 불과하다.', '단지 ~일 뿐이다.'라는 뜻을 나타냅니다.

말해보기

아빠 : 실패도 인생의 과정이야. 괜찮아.

失敗も人生の過程だ。大丈夫だぞ。

[십파이모 진세-노 카테-다. 다이죠-부다조.]

아들 : 격려해줘서 고마워요, 아빠.

励ましてくれてありがとう、お父さん。

[하게마시테 쿠레테 아리가토-, 오토-상.]

DAY 11 ~ DAY 20 복습

❶ 주어진 단어들로 문장을 완성하세요.

　1. 나는 용기를 낸 내 자신을 자랑스럽게 여긴다.
　　誇りに思う/私は/自分を/勇気を出した

　2. 내 가슴은 희망으로 가득하다.
　　胸は/満ちている/希望で/私の

　3. 나는 내 안의 벽을 뛰어넘는다.
　　自分の中の/乗り越える/壁を/私は

　4. 실패는 두려움이 아니라 과정일 뿐이다.
　　過程にすぎない/失敗は/恐れではなく

　5. 도전은 새로운 길을 밝힌다.
　　道を/挑戦は/照らす/新しい

❷ 빈 칸에 들어갈 말을 적어 보세요.

6. 모험이 주는 설렘을 즐긴다.
   冒険が与えるときめきを(　)

7. 나는 한계를 넘어선다.
   私は限界を(　)

8. 세상은 시도할 만한 가치가 있는 무대다.
   世界は試みる(　)のある舞台だ

9. 가능성 앞에서 두려워하지 않는다.
   (　)の前で怖がらない

10. 나는 멈추지 않고 나아간다.
    私は止ま(　)に進む

 정답

1. 私は勇気を出した自分を誇りに思う。
2. 私の胸は希望で満ちている。
3. 私は自分の中の壁を乗り越える。
4. 失敗は恐れではなく、過程にすぎない。
5. 挑戦は新しい道を照らす。
6. 楽しむ
7. 超える
8. 価値
9. 可能性
10. らず

두려움 너머의 길

두려움은 우리를 막는 벽이 아니라, 용기를 꺼내도록 만드는 자극입니다.

20일을 이어온 여러분은 이미 스스로의 벽을 넘어섰습니다.

이제 도전은 낯선 길이 아니라, 스스로 밝히는 길이 됩니다.

10일 학습 스케줄표

DAY 21	DAY 22	DAY 23	DAY 24	DAY 25
월 일	월 일	월 일	월 일	월 일

DAY 26	DAY 27	DAY 28	DAY 29	DAY 30
월 일	월 일	월 일	월 일	월 일

학습을 마친 DAY와 학습 날짜 체크하기

3부
인내와 끈기

나는 실패한 것이 아니다. 나는 단지 안 되는 10,000가지 방법을 찾았을 뿐이다.

토마스 A. 에디슨 (1847-1931, 미국 발명가)

私は失敗したことはない。うまくいかないやり方を10,000通り見つけただけだ。

トーマス・エジソン

[와타시와 십파이 시타 코토와 나이. 우마쿠 이카나이 야리카타오 이치만 토-리 미츠케타 다케다.]

오늘의 문장

포기하지 않는다면, 끝까지 이룰 수 있다.

諦めなければ、最後までやり遂げられる。

[아키라메나케레바, 사이고마데 야리토게라레루.]

따라 쓰기

諦めなければ、最後までやり遂げられる。

주요단어

- **諦めなければ** [아키라메나케레바] 포기하지 않는다면
- **諦める** [아키라메루] 포기하다
- **最後まで** [사이고마데] 끝까지
- **やり遂げる** [야리토게루] 완수하다, 해내다

> やり遂げられる는 동사 やる(하다)와 遂げる(달성하다, 끝내다)가 결합된 복합동사 やり遂げる의 가능형으로, '해낼 수 있다.', '완수할 수 있다.'는 뜻을 나타냅니다.

말해보기

친구 : 너, 그 프로젝트 벌써 포기할 거야?

お前、あのプロジェクトもう諦めるの？

[오마에, 아노 푸로제쿠토 모- 아키라메루노?]

친구 : 아니, 이번엔 꼭 해낼 거야.

いや、今回は必ずやり遂げるよ。

[이야, 콘카이와 카나라즈 야리토게루요.]

오늘의 문장

어려움 속에서도, 꿋꿋하게 버틴다.

困難の中でも、しっかりと耐える。
(こんなん) (なか)   (た)

[콘난노 나카데모, 식카리토 타에루.]

따라 쓰기

困難の中でも、しっかりと耐える。
_____

_____

_____

주요단어

- しっかり [식카리] 단단히, 확실히, 정신차려서
- 耐える [타에루] 견디다, 참다, 버티다

말해보기

친구 : 요즘, 동아리 활동 힘들지 않아?

最近、部活きつくない？

[사이킨, 부카츠 키츠쿠나이?]

친구 : 힘들지만, 참고 견디고 있어.

大変だけど、我慢して耐えているよ。

[타이헨다케도, 가만시테 타에테 이루요.]

DAY
23

오늘의 문장

나의 노력은 결코 헛되지 않는다.

わたし　どりょく　けっ　むだ
私の努力は決して無駄にならない。

[와타시노 도료쿠와 켓시테 무다니 나라나이.]

따라 쓰기

私の努力は決して無駄にならない。

주요단어

- **決して** [켓시테] 결코
- **無駄** [무다] 헛됨, 낭비
- **無駄にならない** [무다니 나라나이] 헛되지 않는다

말해보기

친구 : 이번에, 노력했는데 결과가 별로였어.

今回、努力したけど結果がいまいちだった。

[콘카이, 도료쿠 시타케도 켁카가 이마이치닷타.]

친구 : 괜찮아, 그 노력은 절대 헛되지 않을거야!

大丈夫、その努力は決して無駄にならないよ！

[다이죠-부, 소노 도료쿠와 켓시테 무다니 나라나이요.]

오늘의 문장

어두운 터널을 벗어나면, 출구가 있다.

暗いトンネルを抜ければ、出口がある。
くら　　　　　　　　　ぬ　　　　　でぐち

[쿠라이 톤네루오 누케레바, 데구치가 아루.]

따라 쓰기

暗いトンネルを抜ければ、出口がある。

주요단어

- 暗い [쿠라이] 어둡다
- トンネル [톤네루] 터널
- 抜ける [누케루] 빠지다, 없어지다
- 出口 [데구치] 출구, 출입구

말해보기

친구 : 왠지 지금 터널 안에 있는 기분이야.

なんか今トンネルの中にいる気がする。

[난카 이마 톤네루노 나카니 이루 키가 스루.]

친구 : 분명히 출구가 보여서, 이 상황을 빠져나갈 수 있을 거야.

きっと出口が見えて、この状況を抜けられるよ。

[킷토 데구치가 미에테, 코노 죠-쿄-오 누케라레루요.]

DAY
25

오늘의 문장

나의 땀방울은 끈기의 증거이다.

私(わたし)の汗(あせ)は根気(こんき)の証(あかし)である。

[와타시노 아세와 콘키노 아카시 데아루.]

따라 쓰기

私の汗は根気の証である。

주요단어

- 汗 [아세] 땀, 땀방울
- 根気 [콘키] 끈기
- 証 [아카시] 증거, 증명

| である는 '~이다.'를 의미하는 ～だ 또는 ～です의 격식 있는 문어체 표현입니다.

말해보기

친구 : 테니스 연습, 땀 정말 많이 난다.

テニスの練習、すごい汗だね。

[테니스노 렌슈-, 스고이 아세다네.]

친구 : 응. 그래도, 끈기가 중요하니까.

うん。でも、根気が大切だからね。

[웅. 데모, 콘키가 타이세츠 다카라네.]

오늘의 문장

내 인내는 반드시 열매를 맺는다.

私の忍耐は必ず実を結ぶ。

[와타시노 닌타이와 카나라즈 미오 무스부.]

따라 쓰기

私の忍耐は必ず実を結ぶ。

주요단어

- 忍耐 [닌타이] 인내, 끈기
- 必ず [카나라즈] 반드시, 꼭
- 実 [미] 열매
- 結ぶ [무스부] 맺다, 묶다

말해보기

친구: 너, 그렇게 인내심이 강했었어?

お前、そんなに忍耐力があったっけ？

[오마에, 손나니 닌타이료쿠가 앗탓케?]

친구: 응, 열매를 맺을 때까지는 참아야지.

うん、実を結ぶまでは我慢しないとね。

[웅, 미오 무스부 마데와 가만 시나이토네.]

오늘의 문장

나는 단단한 마음으로 목표에 다가간다.

私(わたし)は固(かた)い心(こころ)で目標(もくひょう)に近(ちか)づく。

[와타시와 카타이 코코로데 모쿠효-니 치카즈쿠.]

따라 �기

私は固い心で目標に近づく。

주요단어

- 固い [카타이] 딱딱하다, 굳건하다, 단단하다
- 心 [코코로] 마음
- 目標 [모쿠효-] 목표
- 近づく [치카즈쿠] 다가가다, 가까워지다

말해보기

친구 : 이번 목표에 다가가는 건 어려울 것 같아.

今度の目標に近づくのは難しそうだね。

[콘도노 모쿠효-니 치카즈쿠노와 무즈카시소-다네.]

친구 : 단단한 마음을 가지면 돼.

固い心を持てばいいんだよ。

[카타이 코코로오 모테바 이인다요.]

DAY 28

오늘의 문장

묵묵히 하루하루의 힘을 쌓아간다.

もくもく　ひび　ちから　つ　あ
黙々と日々の力を積み上げていく。

[모쿠모쿠토 히비노 치카라오 츠미아게테 이쿠.]

따라 쓰기

黙々と日々の力を積み上げていく。

주요단어

- 黙々と [모쿠모쿠토]　묵묵히, 말없이
- 日々 [히비]　나날, 매일, 하루하루
- 積み上げる [츠미아게루]　쌓아 올리다

> 積み上げていく는 동사 積む(쌓다)와 上げる(올리다)가 결합된 복합동사 積み上げる에, '계속하다.' 를 뜻하는 〜ていく가 붙은 형태로, '계속 쌓아 나가다.'라는 뜻을 나타냅니다.

말해보기

친구 : 요즘, 정말 열심히 하네.

最近、すごく頑張ってるね。

[사이킨, 스고쿠 간밧테루네.]

친구 : 응. 매일매일 연습하는 게 중요하니까.

うん。日々の練習が大切だから。

[웅. 히비노 렌슈-가 타이세츠 다카라.]

오늘의 문장

지금 이 순간, 나는 꿈을 향해 걷고 있다.

今この瞬間、私は夢に向かって歩いている。

[이마 코노 슌칸, 와타시와 유메니 무캇테 아루이테 이루.]

따라 쓰기

今この瞬間、私は夢に向かって歩いている。

주요단어

- 今 [이마] 지금
- 瞬間 [슌칸] 순간
- 夢 [유메] 꿈
- 向かう [무카우] 향하다
- 歩く [아루쿠] 걷다

말해보기

친구 : 저기, 지금 어디 가는 거야?

ねえ、今どこに行くの？

[네-, 이마 도코니 이쿠노?]

친구 : 역으로 향하는 중이야.

駅に向かってるところだよ。

[에키니 무캇테루 토코로다요.]

오늘의 문장

느리더라도 확실히 목표에 도달할 수 있다.

遅くても確実に目標に到達できる。

[오소쿠테모 카쿠지츠니 모쿠효-니 토-타츠 데키루.]

따라 쓰기

遅くても確実に目標に到達できる。
_____

_____

_____

주요단어

- 遅い [오소이] 늦다, 느리다
- 確実に [카쿠지츠니] 확실히
- 到達できる [토-타츠 데키루] 도달할 수 있다

遅くても는 형용사 遅い(느리다) 뒤에 '~해도, ~하더라도'라는 뜻의 ～ても가 붙은 형태로, '늦어도, 느리더라도'라는 뜻을 나타냅니다.

말해보기

친구 : 나, 진짜 느려서 불안해.

俺、マジで遅いから不安だよ。

[오레, 마지데 오소이카라 후안다요.]

친구 : 괜찮아, 기다려 줄게!

大丈夫、待ってあげるから！

[다이죠-부, 맛테 아게루카라!]

DAY 21 ~ DAY 30 복습

❶ 주어진 단어들로 문장을 완성하세요.

1. 내 인내는 반드시 열매를 맺는다.
   忍耐は/私の/実を結ぶ/必ず

2. 묵묵히 하루하루의 힘을 쌓아간다.
   積み上げていく/力を/黙々と/日々の

3. 나의 노력은 결코 헛되지 않는다.
   決して/無駄にならない/努力は/私の

4. 느리더라도 확실히 목표에 도달할 수 있다.
   目標に/到達できる/確実に/遅くても

5. 지금 이 순간, 나는 꿈을 향해 걷고 있다.
   今/夢に向かって/この瞬間/歩いている/私は

❷ **빈 칸에 들어갈 말을 적어 보세요.**

6. 나의 땀방울은 끈기의 증거이다.
   私の汗は根気の(　)である

7. 포기하지 않는다면, 끝까지 이룰 수 있다.
   諦めなければ、最後(　)やり遂げられる

8. 어두운 터널을 벗어나면, 출구가 있다.
   暗いトンネルを抜ければ、(　)がある

9. 나는 단단한 마음으로 목표에 다가간다.
   私は(　)心で目標に近づく

10. 어려움 속에서도, 꿋꿋하게 버틴다.
    (　)の中でも、しっかりと耐える

1. 私の忍耐は必ず実を結ぶ。
2. 黙々と日々の力を積み上げていく。
3. 私の努力は決して無駄にならない。
4. 遅くても確実に目標に到達できる。
5. 今この瞬間、私は夢に向かって歩いている。
6. 証
7. まで
8. 出口
9. 固い
10. 困難

조금씩, 그러나 멈추지 않고

때로는 속도가 더딘 것 같아도 괜찮습니다.

천천히라도 멈추지 않고 걷는 발걸음이 결국 목적지에 이르게 해 줍니다.

30일 동안 이어온 여러분의 끈기는 이미 귀한 열매를 준비하고 있습니다.

10일 학습 스케줄표

DAY 31	DAY 32	DAY 33	DAY 34	DAY 35
월 일	월 일	월 일	월 일	월 일

DAY 36	DAY 37	DAY 38	DAY 39	DAY 40
월 일	월 일	월 일	월 일	월 일

학습을 마친 DAY와 학습 날짜 체크하기

자존감과 내면

**당신이 자기 자신을 믿는 순간,
어떻게 살아야 할지를 알게 될 것이다.**

요한 볼프강 폰 괴테 (1749~1832, 독일 작가/철학자)

あなた自身を信じた瞬間、
どう生きるべきか分かるだろう。

ヨハン・ヴォルフガング・フォン・ゲーテ

[아나타 지신오 신지타 슌칸,
도- 이키루 베키카 와카루 다로-.]

오늘의 문장

꿈을 향한 자기긍정은 끝없이 이어진다.

夢に向かう自己肯定は果てしなく続く。

[유메니 무카우 지코코-테-와 하테시나쿠 츠즈쿠.]

따라 쓰기

夢に向かう自己肯定は果てしなく続く。

주요단어

- 自己肯定 [지코코-테-] 자기긍정
- 果てしなく [하테시나쿠] 끝없이
- 続く [つづく] 계속되다, 이어지다

> 果てしなく는 형용사 果てしない(끝없다)의 어미 い를 く로 바꾸어 부사로 활용한 형태로, '끝없이', '한 없이'라는 뜻을 나타냅니다.

말해보기

선배 : 요즘, 뭐 배우고 있어?

最近、何を学んでいる？

[사이킨, 나니오 마난데이루?]

후배 : 꿈을 향해서 영어를 배우고 있어요.

夢に向かって英語を学んでいます。

[유메니 무캇테 에-고오 마난데 이마스.]

오늘의 문장

매일의 마음가짐이 미래의 길을 연다.

毎日の心構えが未来の道を開く。

[마이니치노 코코로가마에가 미라이노 미치오 히라쿠.]

따라 쓰기

毎日の心構えが未来の道を開く。

_____

_____

_____

주요단어

- **心構え** [코코로가마에] 마음가짐, 각오
- **未来** [미라이] 미래
- **開く** [히라쿠] 열다, 열리다

말해보기

후배 : 선배는, 왜 그렇게 열심히 하세요?

先輩は、どうしてそんなに頑張るんですか？

[센파이와, 도-시테 손나니 간바룬데스카?]

선배 : 미래를 위해, 꼭 이루고 싶은 목표가 있어서 그래.

未来のために、絶対達成したい目標があるからだよ。

[미라이노 타메니, 젯타이 탓세- 시타이 모쿠효-가 아루카라다요.]

DAY 33

오늘의 문장

나는 나 자신을 존중하며 하루를 시작한다.

私は自分自身を尊重しながら一日を始める。

[와타시와 지분지신오 손쵸- 시나가라 이치니치오 하지메루.]

따라 쓰기

私は自分自身を尊重しながら一日を始める。

___

___

___

주요단어

- **自分自身** [지분지신] 자기 자신, 나 자신
- **尊重する** [손쵸-스루] 존중하다
- **一日** [이치니치] 하루
- **始める** [하지메루] 시작하다

말해보기

선배 : 자기자신을 존중하는 게 제일 중요해.

自分自身を尊重するのが一番大事だよ。

[지분지신오 손쵸- 스루노가 이치방 다이지다요.]

후배 : 네, 저도 그런 태도를 가지려고 노력하고 있어요.

はい、私もそのような態度を持つように頑張っています。

[하이, 와타시모 소노 요-나 타이도오 모츠요-니 간밧테 이마스.]

DAY
34

오늘의 문장

나를 소중히 하는 습관이 원하는 미래를 만든다.

じぶん　たいせつ　しゅうかん　のぞ　みらい　つく
自分を大切にする習慣が望む未来を作る。

[지분오 타이세츠니 스루 슈-칸가 노조무 미라이오 츠쿠루.]

따라 쓰기

自分を大切にする習慣が望む未来を作る。

주요단어

- **大切にする** [타이세츠니 스루] 소중히 여기다
- **習慣** [슈-칸] 습관
- **望む** [노조무] 바라다, 원하다
- **作る** [츠쿠루] 만들다

말해보기

선배: 아침 습관 만들면, 하루가 완전히 달라.

朝の習慣を作ると、一日が全然違うよ。

[아사노 슈-칸오 츠쿠루토, 이치니치가 젠젠 치가우요.]

후배: 저도 매일 아침 독서하는 습관을 유지하고 있어요.

私も毎朝読書の習慣を続けています。

[와타시모 마이아사 도쿠쇼노 슈-칸오 츠즈케테 이마스.]

오늘의 문장

나는 나를 가장 잘 이해하는 사람이다.

私(わたし)は自分(じぶん)を一番(いちばん)よく理解(りかい)する人(ひと)だ。

[와타시와 지분오 이치방 요쿠 리카이 스루 히토다.]

따라 쓰기

私は自分を一番よく理解する人だ。
_____

_____

_____

주요단어

- **一番** [이치방]   가장, 제일
- **理解する** [리카이 스루]   이해하다
- **よく** [요쿠]   잘, 자주

> よく는 형용사 良い(よい 또는 いい, 좋다)를 부사로 활용한 형태로, '잘', '자주'라는 뜻을 나타냅니다. 일상 회화에서는 'いい'라고 발음하는 경우가 많지만, 활용할 때는 'よい'를 기반으로 변화하여 よく(부사형), よかった(과거형), よければ(조건형) 등의 형태로 사용됩니다.

말해보기

선배: 자기 자신을 잘 이해하면 진짜 강해져.

自分をよく理解すると本当に強くなるよ。

[지분오 요쿠 리카이 스루토 혼토-니 츠요쿠 나루요.]

후배: 네, 그래서 요즘은 제 장점과 단점을 정리하고 있어요.

はい、それで最近は自分の長所と短所を整理しています。

[하이, 소레데 사이킨와 지분노 쵸-쇼토 탄쇼오 세-리 시테 이마스.]

오늘의 문장

나의 잠재력은 계속 확장된다.

私の潜在力は広がり続ける。

[와타시노 센자이료쿠와 히로가리츠즈케루.]

따라 쓰기

私の潜在力は広がり続ける。

주요단어

- 潜在力 [센자이료쿠] 잠재력
- 広がり続ける [히로가리츠즈케루] 계속 확장되다

広がり続ける는 동사 広がる(넓어지다, 퍼지다)와 続ける(계속하다)가 결합된 복합동사로, '계속 확장하다.', '끊임없이 퍼지다.'는 뜻을 나타냅니다.

말해보기

후배 : 선배, 어떻게 하면 더 잘할 수 있나요?

先輩、どうすればもっと上手くなれますか？

[셈파이, 도-스레바 못토 우마쿠 나레마스카?]

선배 : 너에게는 굉장한 잠재력이 있으니, 괜찮아.

君にはすごい潜在力があるから、大丈夫だよ。

[키미니와 스고이 센자이료쿠가 아루카라, 다이죠-부다요.]

오늘의 문장

내면의 목소리가 나를 올바른 길로 이끈다.

内面の声が私を正しい道へ導く。
ない めん　こえ　わたし　ただ　　みち　みちび

[나이멘노 코에가 와타시오 타다시이 미치에 미치비쿠.]

따라 쓰기

内面の声が私を正しい道へ導く。
_____

_____

_____

주요단어

- 内面 [나이멘] 내면
- 声 [코에] 목소리, 소리
- 正しい [타다시이] 올바르다, 옳다
- 導く [미치비쿠] 이끌다, 인도하다

말해보기

후배: 선배, 어떻게 해야 할지 모르겠어요.

先輩、どうすればいいか分かりません。

[센파이, 도-스레바 이이카 와카리마셍.]

선배: 자신의 마음의 소리를 잘 들어 봐.

自分の心の声をよく聞いてみて。

[지분노 코코로노 코에오 요쿠 키이테 미테.]

오늘의 문장

나는 나의 강점을 살려 긍정적인 변화를 일으킨다.

私は自分の強みを生かして前向きな変化を起こす。

[와타시와 지분노 츠요미오 이카시테 마에무키나 헨카오 오코스.]

따라 쓰기

私は自分の強みを生かして前向きな変化を起こす。

주요단어

- **強み** [츠요미] 강점, 장점
- **生かす** [이카스] 살리다, 활용하다
- **前向き** [마에무키] 긍정적, 적극적임
- **起こす** [오코스] 일으키다, 발생시키다

말해보기

후배: 선배의 강점은 무엇인가요?

先輩の強みは何ですか？

[센파이노 츠요미와 난데스카?]

선배: 글쎄. 다른 사람의 강점을 살려주는 것일까.

そうだなあ。人の強みを生かすことかな。

[소-다나-. 히토노 츠요미오 이카스 코토카나.]

오늘의 문장

나는 내 감정과 선택에 책임을 진다.

私は自分の感情と選択に責任を持つ。
(わたし じぶん かんじょう せんたく せきにん も)

[와타시와 지분노 칸죠-토 센타쿠니 세키닌오 모츠.]

따라 쓰기

私は自分の感情と選択に責任を持つ。

주요단어

- 感情 [칸죠-] 감정
- 選択 [센타쿠] 선택
- 責任 [세키닌] 책임
- 持つ [모츠] 가지다, 지니다

말해보기

후배 : 이 실패는 제 책임입니다.

この失敗は僕の責任です。

[코노 십파이와 보쿠노 세키닌데스]

선배 : 책임 있게 행동 하면 괜찮아.

責任をもって行動すれば大丈夫だよ。

[세키닌오 못테 코-도- 스레바 다이죠-부다요.]

오늘의 문장

인생은 매 순간의 선택으로 이루어져 있다.

人生は一瞬一瞬の選択で成り立っている。

[진세-와 잇슌 잇슌노 센타쿠데 나리탓테 이루.]

따라 쓰기

人生は一瞬一瞬の選択で成り立っている。

_____

_____

_____

주요단어

- **人生** [진세-] 인생
- **一瞬** [잇슌] 한순간, 순간
- **成り立つ** [나리타츠] 성립되다, 이루어지다

> 成り立っている는 동사 成り立つ(이루어지다)의 ている형으로, '이미 이루어져 있는 상태'를 나타냅니다.

말해보기

후배 : 어떻게 하면 올바른 선택을 할 수 있나요?

どうすれば正しい選択ができますか？

[도- 스레바 타다시이 센타쿠가 데키마스카?]

선배 : 네가 후회하지 않을 선택을 하면 돼.

君が後悔しない選択をすればいいんだ。

[키미가 코-카이 시나이 센타쿠오 스레바 이인다.]

DAY 31 ~ DAY 40 복습

❶ 주어진 단어들로 문장을 완성하세요.

1. 매일의 마음가짐이 미래의 길을 연다.
   心構えが/道を/毎日の/開く/未来の

2. 나는 나를 가장 잘 이해하는 사람이다.
   人だ/私は/よく/自分を/理解する/一番

3. 나의 잠재력은 계속 확장된다.
   潜在力は/広がり続ける/私の

4. 꿈을 향한 자기긍정은 끝없이 이어진다.
   果てしなく/夢に向かう/続く/自己肯定は

5. 내면의 목소리가 나를 올바른 길로 이끈다.
   正しい/声が/内面の/導く/私を/道へ

❷ **빈 칸에 들어갈 말을 적어 보세요.**

6. 나는 나 자신을 존중하며 하루를 시작한다.
   私は自分自身を尊重しながら(　)を始める

7. 나는 나의 강점을 살려 긍정적인 변화를 일으킨다.
   私は自分の強みを生かして前向きな(　)を起こす

8. 인생은 매 순간의 선택으로 이루어져 있다.
   (　)は一瞬一瞬の選択で成り立っている

9. 나는 내 감정과 선택에 책임을 진다.
   私は自分の感情と選択に(　)を持つ

10. 나를 소중히 하는 습관이 원하는 미래를 만든다.
    自分を(　)にする習慣が望む未来を作る

1. 毎日の心構えが未来の道を開く。
2. 私は自分を一番よく理解する人だ。
3. 私の潜在力は広がり続ける。
4. 夢に向かう自己肯定は果てしなく続く。
5. 内面の声が私を正しい道へ導く。
6. 一日
7. 変化
8. 人生
9. 責任
10. 大切

나를 단단하게 키워가는 힘

매일의 습관은 작은 돌처럼 보이지만,

차곡차곡 쌓이면 거대한 탑이 됩니다.

40일 동안 쌓은 여러분의 문장, 단어, 다짐이

여러분 자신을 단단하게 세워줍니다.

자존감을 높이는 일은 어렵지 않습니다.

지금 여러분이 하고 있는 이 연습이 바로

자존감을 높이고 내면을 강화시켜 주는 일입니다.

10일 학습 스케줄표

DAY 41	DAY 42	DAY 43	DAY 44	DAY 45
월 일	월 일	월 일	월 일	월 일

DAY 46	DAY 47	DAY 48	DAY 49	DAY 50
월 일	월 일	월 일	월 일	월 일

학습을 마친 DAY와 학습 날짜 체크하기

인간관계와 소통

**벗이 먼 곳에서 찾아오면
이 또한 즐겁지 아니한가.**

공자 (기원전 551~479, 중국 사상가)

友達が遠くから来てくれる、
なんて楽しいことだ。

孔子(コウシ)

[토모다치가 토-쿠카라 키테 쿠레루,
난테 타노시니 코토다.]

오늘의 문장

내 주변에는 긍정적인 사람들이 가득하다.

私の周りには前向きな人々がたくさんいる。
わたし　まわ　　　　まえむ　　　ひとびと

[와타시노 마와리니와 마에무키나 히토비토가 타쿠상 이루.]

따라 쓰기

私の周りには前向きな人々がたくさんいる。
_____

_____

_____

주요단어

- 周り [마와리] 주변
- 人々 [히토비토] 사람들
- たくさん [타쿠상] 많이, 가득

人々의 발음처럼, 두 단어가 결합하거나 같은 단어가 반복될 때 뒤 단어의 첫소리가 탁음(濁音)으로 바뀌는 현상을 연탁(連濁)이라고 합니다.

말해보기

남자친구 : 있지, 왠지 네 주변은, 항상 밝은 것 같애.

ね、なんか君の周りって、いつも明るいね。

[네, 난카 키미노 마와릿테, 이츠모 아카루이네.]

여자친구 : 긍정적인 사람이 많아서 그래.

前向きな人が多いからだよ。

[마에무키나 히토가 오-이 가라다요.]

오늘의 문장

소중한 만남에 감사하며 하루를 보낸다.

大切な出会いに感謝しながら一日を過ごす。

[타이세츠나 데아이니 칸샤 시나가라 이치니치오 스고스.]

따라 쓰기

大切な出会いに感謝しながら一日を過ごす。
_____

_____

_____

주요단어

- **大切** [타이세츠] 소중함, 중요함
- **出会い** [데아이] 만남
- **感謝** [칸샤] 감사
- **過ごす** [스고스] 보내다, 지내다

말해보기

여자친구 : 오늘은 친구들이랑 즐거운 시간을 보냈어.

> 今日は友だちと楽しい時間を過ごしたよ。
>
> [쿄-와 토모다치토 타노시이 지칸오 스고시타요.]

남자친구 : 좋네. 그런 만남은 소중한거지.

> いいね。そういう出会いは大切だよ。
>
> [이이네. 소-이우 데아이와 타이세츠다요.]

오늘의 문장

존중하는 태도는 신뢰를 만든다.

尊重する態度は信頼を作る。

[손쵸- 스루 타이도와 신라이오 츠쿠루.]

따라 쓰기

尊重する態度は信頼を作る。

주요단어

- **尊重** [손쵸-] 존중
- **態度** [타이도] 태도
- **信頼** [신라이] 신뢰

말해보기

남자친구 : 요즘, 주변 사람에게 신뢰받는 것 같네.

最近、周りの人に信頼されてるみたいだね。

[사이킨, 마와리노 히토니 신라이 사레테루 미타이다네.]

여자친구 : 응. 상대를 존중하려고 노력하고 있어서 그런가 봐.

うん。相手を尊重するように心がけてるからかな。

[웅. 아이테오 손쵸- 스루 요-니 코코로 가케테루 카라카나.]

오늘의 문장

오늘도 좋은 사람들과의 인연이 찾아온다.

今日も良い人々との縁が訪れる。

[쿄-모 요이 히토비토토노 엔가 오토즈레루.]

따라쓰기

今日も良い人々との縁が訪れる。

주요단어

- 良い [요이] 좋다
- 縁 [엔] 인연
- 訪れる [오토즈레루] 방문하다, 찾아오다

말해보기

여자친구 : 오늘, 좋은 사람과 인연이 있었나 봐.

今日、良い人と縁があったみたいだね。

[쿄-, 요이 히토토 엔가 앗타 미타이다네.]

남자친구 : 응, 네 덕분이야. 고마워.

うん、君のおかげだよ。ありがとう。

[웅, 키미노 오카게다요. 아리가토-.]

DAY
45

오늘의 문장

나는 진심으로 사람들과 좋은 관계를 맺는다.

私(わたし)は心(こころ)から人(ひと)たちと良(よ)い関係(かんけい)を築(きず)く。

[와타시와 코코로카라 히토타치토 요이 칸케-오 키즈쿠.]

따라 쓰기

私は心から人たちと良い関係を築く。

주요단어

- 心から [코코로카라] 진심으로
- 関係 [칸케-] 관계
- 築く [키즈쿠] 쌓다, 구축하다

말해보기

남자친구: 너는 다른 사람과 관계를 잘 맺는 것 같아.

君は人との関係を築くのが上手だね。

[키미와 히토토노 칸케-오 키즈쿠노가 죠-즈다네.]

여자친구: 솔직하게 대하면 자연스럽게 잘 돼.

素直に接すれば自然にうまくいくよ。

[스나오니 셋 스레바 시젠니 우마쿠 이쿠요.]

오늘의 문장

소중한 사람들에게 따뜻한 말을 전한다.

大切な人たちに温かい言葉を伝える。

[타이세츠나 히토타치니 아타타카이 코토바오 츠타에루.]

따라 쓰기

大切な人たちに温かい言葉を伝える。

주요단어

- 人たち [히토타치] 사람들
- 温かい [아타타카이] 따뜻하다
- 言葉 [코토바] 말, 언어
- 伝える [츠타에루] 전하다, 전달하다

말해보기

여자친구 : 오늘 엄마한테 따뜻한 말을 해드렸어.

今日お母さんに温かい言葉をかけたよ。

[쿄- 오카상니 아타타카이 코토바오 카케타요.]

남자친구 : 잘했네. 어머니가, 분명 좋아하셨을거야.

よくやったね。お母さん、きっと喜んだと思うよ。

[요쿠 얏타네. 오카상, 킷토 요로콘다토 오모우요.]

오늘의 문장

용서를 통해 내 마음은 한층 더 자유로워진다.

許すことで私の心はさらに自由になる。

[유루스 코토데 와타시노 코코로와 사라니 지유-니 나루.]

따라 쓰기

許すことで私の心はさらに自由になる。
_____

_____

_____

주요단어

- 許す [유루스] 용서하다, 허락하다
- さらに [사라니] 한층 더, 더욱 더
- 自由 [지유-] 자유

말해보기

여자친구 : 솔직히, 옛날 일은 이제 용서했어.

正直、昔のことはもう許したよ。

[쇼-지키, 무카시노 코토와 모- 유루시타요.]

남자친구 : 고마워. 덕분에 나도 마음이 가벼워졌어.

ありがとう。おかげで俺も心が軽くなったよ。

[아리가토-. 오카게데 오레모 코코로가 카루쿠 낫타요.]

오늘의 문장

모든 만남은 나에게 의미 있는 선물이 된다.

すべての出会いは私に意味ある贈り物となる。

[스베테노 데아이와 와타시니 이미 아루 오쿠리모노토 나루.]

따라 쓰기

すべての出会いは私に意味ある贈り物となる。

주요단어

- **すべて** [스베테] 전부, 모두, 모든 것
- **意味** [이미] 의미
- **贈り物** [오쿠리모노] 선물

말해보기

남자친구 : 너와의 만남은, 나에게 특별한 선물이야.

君との出会いは、俺にとって特別な贈り物だよ。

[키미토노 데아이와, 오레니 톳테 토쿠베츠나 오쿠리모노다요.]

여자친구 : 나도 네가 있어줘서, 삶이 더 의미 있어졌어.

私もあなたがいてくれて、人生がもっと意味のあるものになったよ。

[와타시모 아나타가 이테 쿠레테, 진세-가 못토 이미노 아루 모노니 낫타요.]

오늘의 문장

오늘 나는 내 감정을 솔직하게 표현한다.

今日私は自分の気持ちを素直に表現する。

[쿄-와타시와 지분노 키모치오 스나오니 효-겐 스루.]

따라 쓰기

今日私は自分の気持ちを素直に表現する。
_____

_____

_____

주요단어

- **気持ち** [키모치] 기분, 감정, 마음
- **素直に** [스나오니] 솔직하게
- **表現する** [효-겐 스루] 표현하다

말해보기

여자친구 : 있잖아, 좀 더 기분을 솔직하게 전해줬으면 좋겠어.

ね、もっと気持ちを素直に伝えてほしいな。

[네, 못토 키모치오 스나오니 츠타에테 호시이나.]

남자친구 : 응, 알았어. 제대로 전달할게.

うん、わかった。ちゃんと伝えるよ。

[웅, 와캇타. 챤토 츠타에루요.]

DAY
50

오늘의 문장

서로의 차이를 받아들일 때, 관계는 깊어진다.

お互(たが)いの違(ちが)いを受(う)け入(い)れる時(とき)、関係(かんけい)は深(ふか)まる。

[오타가이노 치가이오 우케이레루 토키, 칸케-와 후카마루.]

따라 쓰기

お互いの違いを受け入れる時、関係は深まる。

주요단어

- **お互い** [오타가이] 서로
- **違い** [치가이] 차이
- **受け入れる** [우케이레루] 받아들이다, 수용하다
- **深まる** [후카마루] 깊어지다

> 受け入れる는 동사 受ける(받다)와 入れる(넣다)가 결합된 복합동사로, '받아들이다.'라는 뜻을 나타냅니다.

말해보기

남자친구 : 너랑 나는 다른 점이 참 많은 것 같아.

君と俺は違うところが本当に多いね。

[키미토 오레와 치가우 토코로가 혼토-니 오-이네.]

여자친구 : 하지만, 그게 관계를 더 재미있게 하는 거야.

でも、それが関係をもっと面白くしてるんだよ。

[데모, 소레가 칸케-오 못토 오모시로쿠 시테룬다요.]

DAY 41 ~ DAY 50 복습

❶ 주어진 단어들로 문장을 완성하세요.

1. 나는 진심으로 사람들과 좋은 관계를 맺는다.
   築く/私は/人たちと/良い関係を/心から

2. 오늘 나는 내 감정을 솔직하게 표현한다.
   素直に/私は/今日/表現する/気持ちを/自分の

3. 소중한 만남에 감사하며 하루를 보낸다.
   感謝しながら/一日を/大切な/過ごす/出会いに

4. 내 주변에는 긍정적인 사람들이 가득하다.
   前向きな/たくさん/私の周りには/いる/人々が

5. 모든 만남은 나에게 의미 있는 선물이 된다.
   贈り物となる/すべての/私に/出会いは/意味ある

❷ 빈 칸에 들어갈 말을 적어 보세요.

6. 소중한 사람들에게 따뜻한 말을 전한다.
   大切な人たちに(　)言葉を伝える

7. 서로의 차이를 받아들일 때, 관계는 깊어진다.
   お互いの(　)を受け入れる時、関係は深まる

8. 존중하는 태도는 신뢰를 만든다.
   尊重する態度は(　)を作る

9. 용서를 통해 내 마음은 한층 더 자유로워진다.
   許すことで私の心は(　)自由になる

10. 오늘도 좋은 사람들과의 인연이 찾아온다.
    今日も良い人々との(　)が訪れる

1. 私は心から人たちと良い関係を築く。
2. 今日私は自分の気持ちを素直に表現する。
3. 大切な出会いに感謝しながら一日を過ごす。
4. 私の周りには前向きな人々がたくさんいる。
5. すべての出会いは私に意味ある贈り物となる。
6. 温かい
7. 違い
8. 信頼
9. さらに
10. 縁

좋은 말은 마음을 잇는다

우리가 쓰는 말 한마디가 관계를 열고, 사람과 사람을 이어줍니다.

50일 동안 일본어로 건넨 긍정의 말들이 여러분 안에도,

또 다른 누군가에게도 따뜻한 다리가 되어 주었을 것입니다.

말이 곧 마음이고, 마음이 관계를 만듭니다.

10일 학습 스케줄표

DAY 51	DAY 52	DAY 53	DAY 54	DAY 55
월 일	월 일	월 일	월 일	월 일

DAY 56	DAY 57	DAY 58	DAY 59	DAY 60
월 일	월 일	월 일	월 일	월 일

학습을 마친 DAY와 학습 날짜 체크하기

6부

행복과 마음

행복은 더 많은 것을 원하는 것이 아니라,
이미 가진 것에 감사하는 것이다.

에픽테토스 (기원 후 약 55년~135년, 고대 그리스 철학자)

幸福とは、より多くを求めることでは
なく、今あるものに感謝することだ。

エピクテトス

[코-후쿠토와, 요리 오-쿠오 모토메루 코토 데와나쿠,
이마 아루 모노니 칸샤 스루 코토다.]

오늘의 문장

지금 이 순간을 기쁨으로 채운다.

今この瞬間を喜びで満たす。
いま　しゅんかん　よろこ　み

[이마 코노 슌칸오 요로코비데 미타스.]

따라 쓰기

今この瞬間を喜びで満たす。
_____

_____

_____

주요단어

- 喜び [요로코비] 기쁨
- 満たす [미타스] 채우다, 만족시키다

말해보기

동료: 타나카 씨, 오늘은 아주 즐거워 보이네요.

田中さん、今日はとても楽しそうですね。

[타나카상, 쿄-와 토테모 타노시소-데스네.]

동료: 네. 이 일에서 기쁨을 찾으려고 하고 있어요.

ええ。この仕事に喜びを見つけるようにしてます。

[에-. 코노 시고토니 요로코비오 미츠케루 요-니 시테마스.]

오늘의 문장

나는 매일 고마운 일을 찾는다.

私^{わたし}は毎日^{まいにち}ありがたいことを探^{さが}す。

[와타시와 마이니치 아리가타이 코토오 사가스.]

따라 쓰기

私は毎日ありがたいことを探す。

주요단어

- **ありがたい** [아리가타이] 감사하다, 고맙다
- **探す** [사가스] 찾다, 구하다

말해보기

동료 : 피곤하네요.

疲れますね。

[츠카레마스네.]

동료 : 매일 늦게까지 일하니까, 피곤하죠.

毎日遅くまで働いているから、疲れますよ。

[마이니치 오소쿠마데 하타라이테 이루카라, 츠카레마스요.]

DAY
53

오늘의 문장

주변의 작은 것에서도 행복을 발견한다.

周(まわ)りの小(ちい)さなことにも幸(しあわ)せを発見(はっけん)する。

[마와리노 치-사나 코토니모 시아와세오 학켄 스루.]

따라 쓰기

周りの小さなことにも幸せを発見する。

주요단어

- 幸せ [시아와세] 행복
- 発見 [학켄] 발견

말해보기

동료 : 스즈키 씨는, 어떤 때 행복을 느끼세요?

鈴木さんは、どんな時に幸せを感じますか？

[스즈키상와, 돈나 토키니 시아와세오 칸지마스카?]

동료 : 퇴근 후, 집에서 맥주 마실 때가 가장 행복해요.

仕事の後、家でビールを飲む時が一番幸せです。

[시고토노 아토, 이에데 비-루오 노무 토키가 이치방 시아와세데스.]

DAY

54

오늘의 문장

오늘 나에게 주어진 모든 것에 만족한다.

今日(きょう)私(わたし)に与(あた)えられたすべてに満足(まんぞく)する。

[쿄- 와타시니 아타에라레타 스베테니 만조쿠 스루.]

따라 쓰기

今日私に与えられたすべてに満足する。

주요단어

- 与えられた [아타에라레타] 주어진
- 満足 [만조쿠] 만족

与えられた는 동사 与える(주다)의 수동형 与えられる의 과거형으로, '주어진'이라는 뜻으로 뒤에 오는 명사를 꾸며줍니다.

말해보기

동료: 오늘 프로젝트, 잘 안 됐네요.

今日のプロジェクト、うまくいかなかったですね。

[쿄-노 푸로제쿠토, 우마쿠 이카나캇타데스네.]

동료: 하지만, 만족할 만큼 노력했으니까, 괜찮아요.

でも、満足できるくらい頑張ったから、いいと思いますよ。

[데모, 만조쿠 데키루 쿠라이 간밧티기라, 이이토 오모이마스요.]

DAY 55

오늘의 문장

매 순간, 마음속으로 감사를 외친다.

まいしゅんかん こころ なか かんしゃ さけ
毎瞬間、心の中で感謝を叫ぶ。

[마이슌칸, 코코로노 나카데 칸샤오 사케부.]

따라 쓰기

毎瞬間、心の中で感謝を叫ぶ。

주요단어

- 毎 [마이] 매~ (매일, 매번 등)
- 叫ぶ [사케부] 외치다, 소리치다

말해보기

동료: 지난번에는 도와주셔서, 감사했습니다.

この間は手伝ってくれて、ありがとうございました。

[코노아이다와 테츠닷테 쿠레테, 아리가토-고자이마시타.]

동료: 아닙니다. 별말씀을요.

いえ。とんでもないです。

[이에. 톤데모나이데스.]

오늘의 문장

일상의 소소한 여유를 즐긴다.

日常のささやかな余裕を楽しむ。

[니치죠-노 사사야카나 요유-오 타노시무.]

따라 쓰기

日常のささやかな余裕を楽しむ。

주요단어

- 日常 [니치죠-] 일상
- ささやかな [사사야카나] 소소한 (ささやか [사사야카] 작음. 조촐함, 소소함)
- 余裕 [요유-] 여유

말해보기

동료: 요즘, 너무 바빠서 여유가 없어요.

最近、忙しすぎて余裕がないです。

[사이킨, 이소가시스기테 요유-가 나이데스.]

동료: 그러게요. 가끔은 쉬세요.

そうですよね。たまには休んでくださいね。

[소-데스요네. 타마니와 야슨데 쿠다사이네.]

오늘의 문장

나는 사랑을 경험할 가치가 있는 사람이다.

私は愛を経験する価値のある人だ。
(わたし あい けいけん か ち ひと)

[와타시와 아이오 케-켄 스루 카치노 아루 히토다.]

따라 쓰기

私は愛を経験する価値のある人だ。

주요단어

- 愛 [아이] 사랑
- 人 [히토] 사람

価値のある는 '가치가 있다.'라는 의미로, 〜のある는 '~을 가진'이라는 뜻으로 뒤에 오는 명사를 꾸며 주는 역할을 합니다.

말해보기

동료 : 이 프로젝트, 굉장히 순조롭네요.

このプロジェクト、すごく順調ですね。

[코노 포로제쿠토, 스고쿠 쥰쵸-데스네.]

동료 : 네, 이전의 경험이 도움이 되고 있어요.

はい、以前の経験が役に立っています。

[하이, 이젠노 케-켄가 야쿠니 탓테 이마스.]

오늘의 문장

오늘도 웃을 수 있음에 진심으로 감사한다.

今日も笑えることに心から感謝する。

[쿄-모 와라에루 코토니 코코로카라 칸샤 스루.]

따라 쓰기

今日も笑えることに心から感謝する。

_____

_____

_____

주요단어

- 笑える [와라에루] 웃을 수 있다
- 笑う [와라우] 웃다

말해보기

동료: 오늘도 굉장히 즐거워 보이네요.

今日もすごく楽しそうですね。

[쿄-모 스고쿠 타노시소-데스네.]

동료: 네. 최근에는 웃는 일이 늘었어요.

はい。最近は笑うことが増えました。

[하이. 사이킨와 와라우 코토가 후에마시타.]

오늘의 문장

나는 나의 행복을 스스로 만들 수 있다.

私は自分の幸せを自分で作ることができる。

[와타시와 지분노 시아와세오 지분데 츠쿠루 코토가 데키루.]

따라 쓰기

私は自分の幸せを自分で作ることができる。

주요단어

〜ことができる는 동사 기본형에 붙여 '~할 수 있다'는 가능의 뜻을 나타냅니다.

말해보기

동료 : 이 프레젠테이션 자료, 만드는 거 힘드네요.

このプレゼン資料、作るのが大変ですね。

[코노 푸레젠 시료-, 츠쿠루노가 타이헨데스네.]

동료 : 괜찮으세요? 뭔가 도와드릴까요?

大丈夫ですか？何か手伝いましょうか？

[다이죠-부데스카? 나니카 테츠다이마쇼-카?]

DAY
60

오늘의 문장

오늘 하루를 충분히 평안하게 느낀다.

きょういちにち じゅうぶん へいあん かん
今日一日を十分に平安に感じる。

[쿄- 이치니치오 쥬-분니 헤-안니 칸지루.]

따라 쓰기

今日一日を十分に平安に感じる。

주요단어

- 十分 [쥬-분] 충분함, 십분
- 平安 [헤-안] 평안
- 感じる [칸지루] 느끼다

말해보기

동료 : 오늘도 하루 수고 많으셨습니다.

今日も一日お疲れ様でした。

[쿄-모 이치니치 오츠카레 사마 데시타.]

동료 : 감사합니다. 푹 쉬시고, 내일도 또 힘내도록 해요.

ありがとうございます。しっかり休んで、明日もまた頑張りましょう。

[아리가토-고자이마스. 식카리 야슨데, 아시타모 마타 간바리마쇼-.]

DAY 51 ~ DAY 60 복습

❶ 주어진 단어들로 문장을 완성하세요.

1. 오늘도 웃을 수 있음에 진심으로 감사한다.
   笑える/今日も/感謝する/ことに/心から

2. 오늘 하루를 충분히 평안하게 느낀다.
   一日を/平安に/今日/十分に/感じる

3. 주변의 작은 것에서도 행복을 발견한다.
   幸せを/周りの/ことにも/小さな/発見する

4. 오늘 나에게 주어진 모든 것에 만족한다.
   今日/与えられた/私に/満足する/すべてに

5. 나는 사랑을 경험할 가치가 있는 사람이다.
   価値のある/私は/経験する/愛を/人だ

❷ **빈 칸에 들어갈 말을 적어 보세요.**

6. 지금 이 순간을 기쁨으로 채운다.
   (　)この瞬間を喜びで満たす

7. 일상의 소소한 여유를 즐긴다.
   日常のささやかな(　)を楽しむ

8. 나는 매일 고마운 일을 찾는다.
   私は(　)ありがたいことを探す

9. 매 순간, 마음속으로 감사를 외친다.
   毎瞬間、心の中で感謝を(　)

10. 나는 나의 행복을 스스로 만들 수 있다.
    私は自分の(　)を自分で作ることができる

1. 今日も笑えることに心から感謝する。
2. 今日一日を十分に平安に感じる。
3. 周りの小さなことにも幸せを発見する。
4. 今日私に与えられたすべてに満足する。
5. 私は愛を経験する価値のある人だ。
6. 今
7. 余裕
8. 毎日
9. 叫ぶ
10. 幸せ

행복은 멀리 있지 않습니다

행복은 특별한 사건이 아니라, 일상의 작은 순간 속에 숨어 있습니다.

감사할 일 하나, 웃을 일 하나가 오늘 하루를 환하게 바꿉니다.

60일 동안 긍정의 문장을 써온 여러분은 이미

행복을 발견하는 눈을 키웠습니다.

10일 학습 스케줄표

DAY 61	DAY 62	DAY 63	DAY 64	DAY 65
월 일	월 일	월 일	월 일	월 일

DAY 66	DAY 67	DAY 68	DAY 69	DAY 70
월 일	월 일	월 일	월 일	월 일

학습을 마친 DAY와 학습 날짜 체크하기

시간과 삶의 지혜

20년 후 당신은 한 일보다
하지 않은 일을 더 후회하게 될 것이다.

마크 트웨인 (1835-1910 미국 작가)

20年後あなたはやったことより
やらなかったことで後悔するだろう。

マーク・トウェイン

[니쥬-넨고 아나타와 얏타 코토 요리
야라나캇타 코토데 코-카이 스루 다로-.]

DAY
61

오늘의 문장

오늘 하루의 시작을 소중히 여긴다.

今日一日の始まりを大切にする。
(きょう いちにち はじ たいせつ)

[쿄- 이치니치노 하지마리오 타이세츠니 스루.]

따라 쓰기

今日一日の始まりを大切にする。

주요단어

- 始まり [하지마리] 시작

말해보기

언니 : 아침, 커피 마셨어?

朝、コーヒー飲んだ？

[아사, 코-히- 논다?]

여동생 : 응. 아침 커피가 있어야 하루가 시작된 느낌이야.

うん。朝のコーヒーがあると一日が始まった気がする。

[웅. 아사노 코-히-가 아루토 이치니치가 하지맛타 키가 스루.]

오늘의 문장

아침의 공기를 느끼며 마음을 가볍게 한다.

朝の空気を感じながら心を軽くする。

[아사노 쿠-키오 칸지나가라 코코로오 카루쿠 스루.]

따라 쓰기

朝の空気を感じながら心を軽くする。

주요단어

- 朝 [아사] 아침
- 空気 [쿠-키] 공기
- 軽くする [카루쿠 스루] 가볍게 하다

말해보기

언니: 벌써 일어났어? 빠르네.

もう起きてるの？早いね。

[모- 오키테루노? 하야이네]

여동생: 응. 아침 공기를 마셨더니, 상쾌해졌어.

うん。朝の空気を吸ったら、すっきりしたよ。

[웅. 아사노 쿠-키오 슷타라, 슥키리 시타요.]

> **오늘의 문장**

나는 오늘의 시간을 긍정적인 에너지로 채운다.

私は今日の時間をポジティブなエネルギーで満たす。
(わたし)(きょう)(じかん)(み)

[와타시와 쿄-노 지칸오 포지티부나 에네루기-데 미타스.]

> **따라 쓰기**

私は今日の時間をポジティブなエネルギーで満たす。
_____

_____

_____

주요단어

- **時間** [지칸]   시간
- **ポジティブ** [포지티부]   긍정적
- **エネルギー** [에네루기-]   에너지

말해보기

여동생: 왠지, 잘 될 것 같지 않아…

なんか、うまくいく気がしないな…

[난카, 우마쿠 이쿠 키가 시나이나…]

언니: 그럴 때일수록, 긍정적으로 생각해 보자.

そういう時こそ、ポジティブに考えてみようよ。

[소-이우 토키 코소, 포지티부니 칸가에테 미요-요.]

오늘의 문장

시간은 나에게 인생의 의미를 알려 준다.

時間は私に人生の意味を教えてくれる。

[지칸와 와타시니 진세-노 이미오 오시에테 쿠레루.]

따라 쓰기

時間は私に人生の意味を教えてくれる。

주요단어

- **教える** [오시에루] 가르치다, 알려주다

教えてくれる의 ～てくれる는 동사의 て형에 くれる(주다)가 붙은 형태로, '~해 주다.'라는 뜻을 나타냅니다.

말해보기

여동생 : 할 일이 너무 많아서, 시간이 부족해.

やることが多すぎて、時間が足りないよ。

[야루 코토가 오-스기테, 지칸가 타리나이요.]

언니 : 조급해하지 않아도 돼. 천천히 하면 괜찮아.

焦らなくていいから。ゆっくりやればいいんだよ。

[아세라나쿠테 이이카라. 육쿠리 야레바 이인다요.]

오늘의 문장

하루의 작은 순간을 즐겁게 기록한다.

一日の小さな瞬間を楽しく記録する。

[이치니치노 치-사나 슌칸오 타노시쿠 키로쿠 스루.]

따라 쓰기

一日の小さな瞬間を楽しく記録する。

주요단어

- 記録 [키로쿠] 기록
- 楽しく [타노시쿠] 즐겁게

말해보기

여동생: 언니, 지금 뭐하고 있어?

お姉ちゃん、今何してるの？

[오네-짱, 이마 나니 시테루노?]

언니: 일기 쓰고 있어. 오늘 있었던 일을 기록하고 있어.

日記を書いてるよ。今日あったことを記録してるんだ。

[닉키오 카이테루요. 쿄- 앗타 코토오 키로쿠 시테룬다.]

오늘의 문장

오늘 만난 사람들을 따뜻한 마음으로 떠올린다.

今日出会った人々を温かい気持ちで思い出す。

[쿄- 데앗타 히토비토오 아타타카이 키모치데 오모이다스.]

따라 쓰기

今日出会った人々を温かい気持ちで思い出す。

주요단어

- 温かい [아타타카이] 따뜻하다
- 思い出す [오모이다스] 떠올리다

出会った는 동사 出会う(만나다)의 과거형으로, '만난'이라는 뜻으로 뒤에 오는 명사를 꾸며줍니다.

思い出す는 동사 思う(생각하다)와 出す(내다)가 결합된 복합동사로, '떠올리다.', '생각해내다.'라는 뜻을 나타냅니다.

말해보기

여동생: 있잖아, 오늘 정말 좋은 사람 만났어.

ねえ、今日すごくいい人に出会ったんだ。

[네-, 쿄- 스고쿠 이이 히토니 데앗탄다.]

언니: 그래? 어떤 사람이었어?

そうなの？どんな人だった？

[소-나노? 돈나 히토 닷타?]

오늘의 문장

모든 순간은 선물임을 기억하고 있다.

すべての瞬間は贈り物であることを覚えている。

[스베테노 슌칸와 오쿠리모노데 아루 코토오 오보에테 이루.]

따라 쓰기

すべての瞬間は贈り物であることを覚えている。

주요단어

- 贈り物 [오쿠리모노] 선물
- 覚えている [오보에테 이루] 기억하고 있다
- 覚える [오보에루] 기억하다

말해보기

여동생: 지금 뭐하고 있어?

今何してるの？

[이마 나니 시테루노?]

언니: 남자친구에게 보낼 선물을 포장하고 있어.

彼氏に贈るプレゼントを包んでるんだ。

[카레시니 오쿠루 푸레젠토오 츠츤데룬다.]

오늘의 문장

지나간 시간은 나에게 가치 있는 교훈을 남긴다.

過ぎ去った時間は私に価値ある教訓を残す。

[스기삿타 지칸와 와타시니 카치 아루 쿄-쿤오 노코스.]

따라 쓰기

過ぎ去った時間は私に価値ある教訓を残す。

주요단어

- 過ぎ去る [스기사루]　지나가다
- 教訓 [쿄-쿤]　교훈
- 残す [노코스]　남기다, 남겨두다

> 過ぎ去る는 동사 過ぎる(지나다)와 去る(떠나다)가 결합된 복합동사로, '지나가 버리다.'라는 뜻을 나타냅니다.

말해보기

여동생: 언니, 요즘 헤어진 남자친구가 생각 나.

お姉ちゃん、最近別れた彼氏のことを思い出しちゃうんだ。

[오네-쨩, 사이킨 와카레타 카레시노 코토오 오모이다시챠운다.]

언니: 지나간 일은 잊어야지.

過ぎ去ったことは忘れなきゃ。

[스기삿타 코토와 와스레나캬.]

오늘의 문장

매일 구체적인 계획으로 시간을 가치 있게 만든다.

毎日具体的な計画で時間を価値あるものにする。

[마이니치 구타이테키나 케-카쿠데 지칸오 카치 아루 모노니 스루.]

따라 쓰기

毎日具体的な計画で時間を価値あるものにする。

주요단어

- **具体的** [구타이테키] 구체적
- **計画** [케-카쿠] 계획

価値あるものにする의 〜にする는 '~으로 만들다.'라는 의미로, 어떤 대상의 상태나 성질을 바꾸는 표현입니다.

말해보기

언니 : 내일 계획, 이미 세웠어?

明日の計画、もう立てた？

[아시타노 케-카쿠, 모- 타테타?]

여동생 : 응, 구체적으로 정리했어. 시간을 낭비하고 싶지 않아서.

うん、具体的にまとめたよ。時間を無駄にしたくないから。

[웅, 구타이테키니 마토메타요. 지칸오 무다니 시타쿠나이카라.]

오늘의 문장

하루를 충실히 보내며 스스로를 만족시킨다.

一日を充実させて自分を満足させる。
(いちにち じゅうじつ じぶん まんぞく)

[이치니치 쥬-지츠 사세테 지분오 만조쿠 사세루.]

따라 쓰기

一日を充実させて自分を満足させる。
_____

_____

_____

주요단어

- 充実 [쥬-지츠] 충실, 알참

充実させて와 満足させる의 〜させる는 '~하게 하다.', '~시키다.'라는 의미의 사역형입니다.

말해보기

언니: 오늘은 계속 집에 있었어?

今日はずっと家にいたの？

[쿄-와 즛토 이에니 이타노?]

여동생: 응. 하지만, 아주 충실한 하루였어.

うん。でも、すごく充実した一日だったよ。

[웅. 데모, 스고쿠 쥬-지츠 시타 이치니치 닷타요.]

DAY 61 ~ DAY 70 복습

❶ 주어진 단어들로 문장을 완성하세요.

1. 시간은 나에게 인생의 의미를 알려 준다.
   人生の/時間は/私に/教えてくれる/意味を

2. 모든 순간은 선물임을 기억하고 있다.
   覚えている/すべての/贈り物であることを/瞬間は

3. 오늘 만난 사람들을 따뜻한 마음으로 떠올린다.
   人々を/出会った/今日/温かい/思い出す/気持ちで

4. 하루를 충실히 보내며 스스로를 만족시킨다.
   自分を/一日を/満足させる/充実させて

5. 오늘 하루의 시작을 소중히 여긴다.
   始まりを/今日/大切にする/一日の

❷ 빈 칸에 들어갈 말을 적어 보세요.

6. 지나간 시간은 나에게 가치 있는 교훈을 남긴다.
   過ぎ去った(　)は私に価値ある教訓を残す

7. 매일 구체적인 계획으로 시간을 가치 있게 만든다.
   毎日(　)計画で時間を価値あるものにする

8. 하루의 작은 순간을 즐겁게 기록한다.
   一日の(　)瞬間を楽しく記録する

9. 아침의 공기를 느끼며 마음을 가볍게 한다.
   朝の(　)を感じながら心を軽くする

10. 나는 오늘의 시간을 긍정적인 에너지로 채운다.
    私は今日の時間をポジティブな(　)で満たす

1. 時間は私に人生の意味を教えてくれる。
2. すべての瞬間は贈り物であることを覚えている。
3. 今日出会った人々を温かい気持ちで思い出す。
4. 一日を充実させて自分を満足させる。
5. 今日一日の始まりを大切にする。
6. 時間
7. 具体的な
8. 小さな
9. 空気
10. エネルギー

오늘을 살아내는 지혜

시간은 누구에게나 똑같이 흐르지만,

그 시간을 어떻게 쓰느냐에 따라 삶의 무게가 달라집니다.

70일 동안 여러분이 쌓아 온 하루하루는 결코 헛되지 않았습니다.

오늘의 작은 행동이 내일의 삶을 만들어 간다는 사실을 기억하세요.

10일 학습 스케줄표

DAY 71	DAY 72	DAY 73	DAY 74	DAY 75
월 일	월 일	월 일	월 일	월 일

DAY 76	DAY 77	DAY 78	DAY 79	DAY 80
월 일	월 일	월 일	월 일	월 일

학습을 마친 DAY와 학습 날짜 체크하기

8부

극복과 변화

고통 없이는
얻는 것도 없다.

벤저민 프랭클린 (1706-1790, 미국 정치인)

痛みなくして得るものなし。

ベンジャミン・フランクリン

[이타미 나쿠시데 에무모노 나시.]

오늘의 문장

나는 매일 새로운 나로 다시 태어난다.

私は毎日新しい自分に生まれ変わる。

[와타시와 마이니치 아타라시이 지분니 우마레카와루.]

따라 쓰기

私は毎日新しい自分に生まれ変わる。

주요단어

- **新しい** [아타라시이] 새롭다
- **生まれ変わる** [우마레카와루] 다시 태어나다, 환생하다

> 生まれ変わる는 동사 生まれる(태어나다)와 変わる(변하다)가 결합된 복합동사로, '다시 태어나다.'라는 뜻을 나타냅니다.

말해보기

멘티 : 저는 변하고 싶은데, 어려워요.

私は変わりたいんですが、難しいです。

[와타시와 카와리타인데스가, 무즈카시이데스.]

멘토 : 너는 좋은 점이 많아서, 새로운 너 자신을 찾을 수 있을 거야.

君はいいところがたくさんあるから、新しい自分を見つけられるよ。

[키미와 이이 토코로가 타구싱 아루카라, 아타라시이 지분오 미츠케라레루요.]

오늘의 문장

변화를 통해 더 넓은 세상을 경험한다.

変化(へんか)を通(つう)じてもっと広(ひろ)い世界(せかい)を体験(たいけん)する。

[헨카오 츠-지테 못토 히로이 세카이오 타이켄 스루.]

따라 쓰기

変化を通じてもっと広い世界を体験する。

주요단어

- 広い [히로이] 넓다
- 体験 [타이켄] 체험, 경험

말해보기

멘티: 새로운 것에 도전하는 게 두려워요.

新しいことに挑戦するのが怖いです。

[아타라시이 코토니 쵸-센 스루노가 코와이데스.]

멘토: 하지만, 그렇게 해 보면 새로운 세계를 느낄 수 있는 거야.

でも、そうしてみると新しい世界を感じられるんだよ。

[데모, 소-시테 미루토 아타라시이 세카이오 칸지라레룬다요.]

오늘의 문장

한계를 넘어 새로운 가능성을 찾는다.

限界を越えて新しい可能性を見つける。

[겐카이오 코에테 아타라시이 카노-세-오 미츠케루.]

따라 쓰기

限界を越えて新しい可能性を見つける。

주요단어

- 越える [코에루] 넘다, 넘어가다

〜を越えては '~을 넘어서'라는 의미로, 어떤 한계나, 경계, 기준을 넘어 설 때 사용합니다.

말해보기

멘티 : 이 일은 어려워요.

この仕事は難しいです。

[코노 시고토와 무즈카시이데스.]

멘토 : 그래도, 도전해 봐. 그게 한계를 뛰어넘는 기회가 될 테니까.

でも、挑戦してみて。それが限界を越えるチャンスになるから。

[데모, 쵸-센 시테 미테. 소레가 겐카이오 코에루 챤스니 나루카라.]

오늘의 문장

내 앞에 있는 장애는 모두 극복할 수 있다.

私の前にある障害はすべて乗り越えられる。

[와타시노 마에니 아루 쇼-가이와 스베테 노리코에라레루.]

따라 쓰기

私の前にある障害はすべて乗り越えられる。

주요단어

- 障害 [쇼-가이] 장애, 방해물
- 乗り越えられる [노리코에라레루] 극복할 수 있다

말해보기

멘티 : 장애가 오면, 항상 멈춰버려요.

障害が来ると、いつも立ち止まってしまいます。

[쇼-가이가 쿠루토, 이츠모 타치도맛테 시마이마스.]

멘토 : 괜찮아. 너라면 분명 극복할 수 있을 거야.

大丈夫。君ならきっと乗り越えられるよ。

[다이죠-부. 키미나라 킷토 노리코에라레루요.]

DAY
75

오늘의 문장

어떤 시련도 내 의지를 꺾을 수 없다.

どんな試練(しれん)も私(わたし)の意志(いし)を折(お)ることはできない。

[돈나 시렌모 와타시노 이시오 오루 코토와 데키나이.]

따라 쓰기

どんな試練も私の意志を折ることはできない。

주요단어

- 試練 [시렌] 시련
- 意志 [이시] 의지
- 折る [오루] 꺾다, 접다

> ~ことはできない는 동사의 기본형 뒤에 붙어, '~할 수 없다.', '~하는 것은 불가능하다.'라는 뜻을 나타냅니다.

말해보기

멘티 : 실패할 때마다, 의지가 약해져요.

失敗するたびに、意志が弱くなります。

[십파이 스루 타비니, 이시가 요와쿠 나리마스.]

멘토 : 그 시련이 너를 강하게 만드는 거야.

その試練が君を強くするんだよ。

[소노 시렌가 키미오 츠요쿠 스룬다요.]

DAY
76

오늘의 문장

넘어져도 일어날 용기가 있다.

倒(たお)れても起(お)き上(あ)がる勇気(ゆうき)がある。

[타오레테모 오키아가루 유-키가 아루.]

따라 쓰기

倒れても起き上がる勇気がある。

주요단어

- **倒れる** [타오레루] 넘어지다, 쓰러지다
- **起き上がる** [오키아가루] 일어서다, 일어나다

> 起き上がる는 동사 起きる(일어나다)와 上がる(오르다, 올라가다)가 결합된 복합동사로, '(넘어졌다가) 다시 일어서다.'라는 뜻을 나타냅니다.

말해보기

멘티: 자꾸 넘어져서, 자신감이 없어졌어요.

何度も倒れて、自信がなくなってきました。

[난도모 타오레테, 지신가 나쿠낫테 키마시타.]

멘토: 하지만, 다시 일어날 용기를 갖는 것이 중요해.

でも、もう一度起き上がる勇気を持つことが大事だよ。

[데모, 모- 이치도 오키아가루 유-키오 모츠 코토가 다이지다요.]

오늘의 문장

나는 위기를 기회로 받아들인다.

私は危機を機会として受け入れる。

[와타시와 키키오 키카이 토시테 우케이레루.]

따라 쓰기

私は危機を機会として受け入れる。

주요단어

- 危機 [키키] 위기
- 機会 [키카이] 기회

｜ ～としては '~(으)로서'라는 의미로, 어떤 자격이나, 지위, 입장 또는 상황을 나타냅니다.

말해보기

멘티: 위기가 오면, 늘 불안해져요.

> 危機が来ると、いつも不安になります。

[키키가 쿠루토, 이츠모 후안니 나리마스.]

멘토: 그걸 기회라고 생각해 보면 어떨까.

> それをチャンスだと考えてみたらどうかな。

[소레오 챤스다토 칸가에테 미타라 도-카나.]

DAY 78

오늘의 문장

과거의 나를 놓아주고, 더 나은 나를 선택한다.

過去の自分を手放し、より良い自分を選ぶ。

[카코노 지분오 테바나시, 요리 요이 지분오 에라부.]

따라 쓰기

過去の自分を手放し、より良い自分を選ぶ。

주요단어

- 過去 [카코] 과거
- 手放す [테바나스] 손을 놓다, 손을 떼다
- 選ぶ [에라부] 고르다, 선택하다

말해보기

멘티: 새로운 일을 고르는 게 어려워요.

新しい仕事を選ぶのが難しいです。

[아타라시이 시고토오 에라부노가 무즈카시이데스.]

멘토: 조급해하지 말고, 가장 하고 싶은 것을 골라 봐.

焦らず、一番やりたいことを選んでみて。

[아세라즈, 이치방 야리타이 코토오 에란데 미테.]

DAY 79

오늘의 문장

내 삶은 끊임없는 도전 속에서 빛난다.

わたし　じんせい　　た　　ま　　ちょうせん　なか　かがや
私の人生は絶え間ない挑戦の中で輝く。

[와타시노 진세-와 타에마나이 쵸-센노 나카데 카가야쿠.]

따라 쓰기

私の人生は絶え間ない挑戦の中で輝く。

주요단어

- **絶え間ない** [타에마나이] 끊임없다
- **輝く** [카가야쿠] 빛나다, 반짝이다

말해보기

멘티 : 매일이 도전 같아서, 지칠 때도 있어요.

毎日が挑戦みたいで、疲れる時もあります。
まいにち　ちょうせん　　　　　　つか　　とき

[마이니치가 쵸-센 미타이데, 츠카레루 토키모 아리마스.]

멘토 : 그런 날이야말로, 네 인생이 빛나고 있다는 증거야.

そういう日こそ、君の人生が輝いている証だよ。
　　　　ひ　　　　きみ　じんせい　かがや　　　　あかし

[소- 이우 히 코소, 키미노 진세-가 카가야이테 이루 아카시다요.]

오늘의 문장

나는 두려움 대신 희망을 선택한다.

私は恐れの代わりに希望を選択する。

[와타시와 오소레노 카와리니 키보-오 센타쿠 스루.]

따라 쓰기

私は恐れの代わりに希望を選択する。

주요단어

- 代わりに [카와리니]　대신(에)

〜の代わりには '~대신에'라는 의미로, 앞선 것 대신 다른 것을 취할 때 사용합니다.

말해보기

멘티 : 내일 면접이 있어서, 긴장돼요.

明日面接があるので、緊張します。

[아시타 멘세츠가 아루노데, 킨쵸- 시마스.]

멘토 : 면접은 네가 회사를 선택하는 자리이기도 해.

面接は君が会社を選択する場でもあるんだよ。

[멘세츠와 키미가 카이샤오 센타쿠 스루 바데모 아룬다요.]

DAY 71 ~ DAY 80 복습

❶ 주어진 단어들로 문장을 완성하세요.

1. 내 삶은 끊임없는 도전 속에서 빛난다.
   挑戦の中で/私の人生は/輝く/絶え間ない

2. 내 앞의 장애는 모두 극복할 수 있다.
   すべて/私の前の/乗り越えられる/障害は

3. 나는 매일 새로운 나로 다시 태어난다.
   生まれ変わる/私は/新しい/毎日/自分に

4. 어떤 시련도 내 의지를 꺾을 수 없다.
   試練も/折ることは/できない/私の意志を/どんな

5. 과거의 나를 놓아주고, 더 나은 나를 선택한다.
   より良い/手放し/過去の自分を/選ぶ/自分を

❷ 빈 칸에 들어갈 말을 적어 보세요.

6. 변화를 통해 더 넓은 세상을 경험한다.
   変化を通じてもっと広い(　)を体験する

7. 넘어져도 일어날 용기가 있다.
   倒れても起き上がる(　)がある

8. 나는 두려움 대신 희망을 선택한다.
   私は恐れの(　)希望を選択する

9. 한계를 넘어 더 큰 가능성을 찾는다.
   (　)を越えてもっと大きな可能性を見つける

10. 나는 위기를 기회로 받아들인다.
    私は(　)を機会として受け入れる

1. 私の人生は絶え間ない挑戦の中で輝く。
2. 私の前の障害はすべて乗り越えられる。
3. 私は毎日新しい自分に生まれ変わる。
4. どんな試練も私の意志を折ることはできない。
5. 過去の自分を手放し、より良い自分を選ぶ。
6. 世界
7. 勇気
8. 代わりに
9. 限界
10. 危機

넘어짐은 새로운 출발입니다

시련과 장애는 우리를 멈추게 하는 것이 아니라,

더 단단히 나아가게 합니다.

80일 동안 이어온 여러분은 이미 수많은 순간을 이겨냈습니다.

변화는 두려움이 아니라, 새로운 길을 여는 열쇠입니다.

10일 학습 스케줄표

DAY 81	DAY 82	DAY 83	DAY 84	DAY 85
월 일	월 일	월 일	월 일	월 일

DAY 86	DAY 87	DAY 88	DAY 89	DAY 90
월 일	월 일	월 일	월 일	월 일

학습을 마친 DAY와 학습 날짜 체크하기

9부

꿈과 희망

꿈꿀 수 있다면,
이룰 수 있다.

월트 디즈니 (1901-1966 미국 영화감독)

夢見ることができれば、
それは実現できる。
ゆめみ
じつげん

ウォルト・ディズニー

[유메미루 코토가 데키레바,
소레와 지츠겐 데키루.]

오늘의 문장

매일 아침, 웃는 얼굴로 최고의 하루를 그린다.

毎朝、笑顔で最高の一日を思い描く。

[마이아사, 에가오데 사이코-노 이치니치오 오모이에가쿠.]

따라 쓰기

毎朝、笑顔で最高の一日を思い描く。

주요단어

- **毎朝** [마이아사]　매일 아침
- **笑顔** [에가오]　웃는 얼굴
- **最高** [사이코-]　최고
- **思い描く** [오모이에가쿠]　마음속으로 그리다, 상상하다

> 思い描く는 동사 思う(생각하다)와 描く(그리다)가 결합된 복합동사로, '마음속으로 그리다.', '상상하다.'라는 뜻을 나타냅니다.

말해보기

형: 아침부터 왜 그렇게 웃고 있어?

朝からなんでそんなに笑ってるの？

[아사카라 난데 손나니 와랏테루노?]

동생: 오늘은 왠지 최고의 하루가 될 것 같아!

今日はなんか最高の一日になりそう！

[쿄-와 난카 사이코-노 이치니치니 나리소-!]

오늘의 문장

별처럼 반짝이는 꿈을 안고 살아간다.

星のように輝く夢を抱いて生きていく。

[호시노 요-니 카가야쿠 유메오 이다이테 이키테 이쿠.]

따라 쓰기

星のように輝く夢を抱いて生きていく。

주요단어

- 星 [호시] 별
- 抱く [이다쿠] 품다, 안다

星のように의 〜のように는 '~처럼', '~와 같이'라는 의미로, 비유나 예시를 들 때 사용합니다.

말해보기

형 : 장래의 꿈은 뭐야?

　　将来の夢は何？
　　しょうらい　ゆめ　なに

　　[쇼-라이노 유메와 나니?]

동생 : 축구선수가 되고 싶어.

　　サッカー選手になりたい。
　　　　　　せんしゅ

　　[삭카- 센슈니 나리타이.]

오늘의 문장

오늘의 한 걸음이 꿈으로 향하는 길이 된다.

今日の一歩が夢へ向かう道になる。

[쿄-노 입포가 유메에 무카우 미치니 나루.]

따라 쓰기

今日の一歩が夢へ向かう道になる。

주요단어

～へ는 '~로', '~을 향해'라는 의미로, 장소나 목표를 향하는 방향을 나타냅니다.

말해보기

형: 오늘 축구 연습은 어땠어?

今日のサッカー練習はどうだった？

[쿄-노 삭카- 렌슈-와 도-닷타?]

동생: 힘들지만, 꿈을 이루기 위해 내일도 열심히 할 거야.

大変だけど、夢をかなえるために明日もがんばるよ。

[타이헨디케도, 유메오 카나에루 타메니 아시타모 간바루요.]

오늘의 문장

희망을 안고 새로운 도전을 시작한다.

希望を抱いて新たな挑戦を始める。

[키보-오 이다이테 아라타나 쵸-센오 하지메루.]

따라 쓰기

希望を抱いて新たな挑戦を始める。

> 주요단어

- **新たな** [아라타나] 새로운 (新た [아라타] 새로움, 생생함)

> 말해보기

형: 오늘, 새로운 거 배웠어?

今日、新しいこと習った？

[쿄-, 아타라시이 코토 나랏타?]

동생: 생각했던 것보다 재미있었어. 다음에도 도전해보려고.

思ってたより楽しかったよ。次も挑戦してみるね。

[오못테타 요리 타노시캇타요. 츠기모 쵸-센 시테 미루네.]

오늘의 문장

미래의 모습을 떠올리며 힘을 얻는다.

未来の姿を思い浮かべながら力を得る。

[미라이노 스가타오 오모이우카베나가라 치카라오 에루.]

따라 쓰기

未来の姿を思い浮かべながら力を得る。

주요단어

- 姿 [스가타] 모습
- 思い浮かべる [오모이우카베루] 떠올리다, 상상하다

思い浮かべながらは 동사 思う(생각하다)와 浮かべる(띄우다)가 결합된 복합동사 思い浮かべる(떠올리다)에, '~하면서'라는 뜻의 ～ながら가 붙은 표현입니다.

말해보기

동생 : 형, 어른이 되면 뭐가 되고 싶어?

兄ちゃん、大人になったら何になりたい？

[니-쨩, 오토나니 낫타라 나니니 나리타이?]

형 : 미래의 나는 국제적인 사업가가 되어 있을 거야.

未来の僕は国際的なビジネスマンになってるよ。

[미라이노 보쿠와 코쿠사이테키나 비지네스만니 낫테루요.]

오늘의 문장

나답게 사는 하루가 미래를 빛낸다.

自分らしく生きる一日が未来を輝かせる。

[지분라시쿠 이키루 이치니치가 미라이오 카가야카세루.]

따라 쓰기

自分らしく生きる一日が未来を輝かせる。

주요단어

- **自分らしく** [지분라시쿠] 자기답게, 나답게 (自分らしい [지분라시이] 자기답다)
- **生きる** [이키루] 살다
- **輝かせる** [카가야카세루] 빛나게 하다, 빛내다

| 輝かせる는 동사 輝く(빛나다)에 〜させる가 붙은 사역형으로, '빛나게 하다.'라는 뜻을 나타냅니다.

말해보기

형: 가장 너다운 때가 언제라고 생각해?

一番自分らしい時はいつだと思う？

[이치방 지분라시이 토키와 이츠다토 오모우?]

동생: 음, 좋아하는 거 하고 있을 때?

う〜ん、好きなことしてる時かな？

[웅~, 스키나 코토 시테루 토키카나?]

오늘의 문장

앞으로의 길은 희망으로 가득하다.

これからの道は希望で満ちている。

[코레카라노 미치와 키보-데 미치테 이루.]

따라 쓰기

これからの道は希望で満ちている。

주요단어

- これから [코레카라] 이제부터, 앞으로
- 満ちている [미치테 이루] 가득 차 있다

말해보기

동생: 졸업하면, 형이 걸어갈 길은 어떤 길이라고 생각해?

卒業したら、兄ちゃんが歩く道はどんな道だと思う？

[소츠교- 시타라, 니-쨩가 아루쿠 미치와 돈나 미치다토 오모우?]

형: 울퉁불퉁한 길이지만, 희망을 가지고 걸어가려고 해.

でこぼこの道だけど、希望を持って歩こうと思ってる。

[데코보코노 미치다케도, 키보-오 못테 아루코-토 오못테루.]

오늘의 문장

눈을 감아도, 나의 꿈은 선명하게 보인다.

目を閉じても、私の夢ははっきり見える。

[메오 토지테모, 와타시노 유메와 학키리 미에루.]

따라 쓰기

目を閉じても、私の夢ははっきり見える。

주요단어

- 目 [메] 눈
- 閉じる [토지루] 감다, 닫다
- はっきり [학키리] 확실히, 분명히, 선명하게
- 見える [미에루] 보이다

말해보기

형: 요즘, 자주 뭘 상상하는거야?

最近、よく何を想像してるの？

[사이킨, 요쿠 나니오 소-조- 시테루노?]

동생: 눈을 감으면, 이루고 싶은 꿈이 보여.

目を閉じると、叶えたい夢が見えるんだ。

[메오 토지루토, 카나에타이 유메가 미에룬다.]

오늘의 문장

지금 상상하는 것이, 미래로 연결된다.

今^{いま}想像^{そうぞう}していることが、未来^{みらい}につながる。

[이마 소-조- 시테 이루 코토가, 미라이니 츠나가루.]

따라 쓰기

今想像していることが、未来につながる。

주요단어

- 想像 [소-조-] 상상
- つながる [츠나가루] 이어지다, 연결되다

말해보기

동생: 내가 상상한 게임이 진짜 만들어지면 좋겠다!

僕が想像したゲームが本当にできたらいいな！

[보쿠가 소-조- 시타 게-무가 혼토-니 데키타라 이이나!]

형: 넌, 상상력이 대단한 것 같아.

お前、想像力すごいな。

[오마에, 소-조-료쿠 스고이나.]

오늘의 문장

마음속 소망을 현실로 바꿀 수 있다.

心の中の願いを現実に変えられる。

[코코로노 나카노 네가이오 겐지츠니 카에라레루.]

따라 쓰기

心の中の願いを現実に変えられる。

주요단어

- 願い [네가이]　소망, 바람
- 現実 [겐지츠]　현실
- 変えられる [카에라레루]　바꿀 수 있다
- 変える [카에루]　바꾸다, 변화 시키다

말해보기

형: 지금, 가장 바라는 소원이 뭐야?

今、一番の願いは何？

[이마, 이치방노 네가이와 나니?]

동생: 갑자기 돌아가신 할머니를 만나고 싶어, 형.

急に亡くなったおばあちゃんに会いたいんだ、兄ちゃん。

[큐-니 나쿠낫타 오바-짱니 아이타인다, 니-짱.]

DAY 81 ~ DAY 90 복습

❶ 주어진 단어들로 문장을 완성하세요.

1. 미래의 모습을 떠올리며 힘을 얻는다.
   力を得る/姿を/未来の/思い浮かべながら

2. 앞으로의 길은 희망으로 가득하다.
   希望で/これからの/満ちている/道は

3. 별처럼 반짝이는 꿈을 안고 살아간다.
   生きていく/輝く/星のように/夢を抱いて

4. 마음속 소망을 현실로 바꿀 수 있다.
   現実に/願いを/変えられる/心の中の

5. 오늘의 한 걸음이 꿈으로 향하는 길이 된다.
   夢へ向かう/道になる/一歩が/今日の

❷ 빈 칸에 들어갈 말을 적어 보세요.

6. 희망을 <u>안고</u> 새로운 도전을 시작한다.
   希望を(　)新たな挑戦を始める

7. <u>나답게</u> 사는 하루가 미래를 빛낸다.
   自分(　)生きる一日が未来を輝かせる

8. 지금 상상하는 것이, 미래로 <u>연결된다</u>.
   今想像していることが、未来に(　)

9. 눈을 감아도, 나의 꿈은 <u>선명하게</u> 보인다.
   目を閉じても、私の夢は(　)見える

10. <u>매일 아침</u>, 웃는 얼굴로 최고의 하루를 그린다.
    (　)、笑顔で最高の一日を思い描く

 정답

1. 未来の姿を思い浮かべながら力を得る。
2. これからの道は希望で満ちている。
3. 星のように輝く夢を抱いて生きていく。
4. 心の中の願いを現実に変えられる。
5. 今日の一歩が夢へ向かう道になる。
6. 抱いて
7. らしく
8. つながる
9. はっきり
10. 毎朝

내일을 향한 발걸음

꿈은 멀리 있는 별처럼 보이지만,

매일의 작은 발걸음이 그곳으로 데려다 줍니다.

90일 동안 이어온 여러분의 습관은 이제

희망을 현실로 바꾸는 힘이 되었습니다.

앞으로의 길은 여러분이 그려온 꿈의 빛으로 환히 밝혀질 것입니다.

10일 학습 스케줄표

DAY 81	DAY 82	DAY 83	DAY 84	DAY 85
월 일	월 일	월 일	월 일	월 일

DAY 86	DAY 87	DAY 88	DAY 89	DAY 90
월 일	월 일	월 일	월 일	월 일

학습을 마친 DAY와 학습 날짜 체크하기

인생과 철학

사람은 생각하는 대로 된다.

얼 나이팅게일 (1921~1989 미국 동기부여 연설가/작가)

私たちは自分が思う通り

のものになる。

アール・ナイチンゲール

[와타시타치와 지분가
오모우 토-리노 모노니 나루.]

> 오늘의 문장

나는 있는 그대로의 나를 받아들인다.

私^{わたし}はありのままの自分^{じぶん}を受^うけ入^いれる。

[와타시와 아리노마마노 지분오 우케이레루.]

> 따라 쓰기

私はありのままの自分を受け入れる。

주요단어

- ありのまま [아리노마마] 있는 그대로(임), 실제대로

말해보기

엄마 : 거울 좀 봐 봐. 그대로의 너, 정말 예쁘다.

鏡を見てごらん。そのままのあなた、本当にきれいよ。

[카가미오 미테 고란. 소노마마노 아나타, 혼토-니 키레이요.]

딸 : 엄마는 항상 그렇게 말해서 부끄러워요.

お母さんはいつもそう言うから恥ずかしいよ。

[오카-상와 이츠모 소- 이우카라 하즈카시이요.]

오늘의 문장

사랑은 나눌수록 깊어진다.

愛は分かち合うほど深まる。

[아이와 와카치아우 호도 후카마루.]

따라 쓰기

愛は分かち合うほど深まる。

주요단어

- 愛 [아이]   사랑
- 分かち合う [와카치아우]   서로 나누어 가지다

~ほど는 '~할수록', '~만큼', '~정도'라는 의미로 정도나 관계를 나타냅니다.

分かち合う는 동사 分かつ(나누다)와 合う(합쳐지다, 결합하다)가 결합된 복합동사로, 감정이나 생각, 경험 등을 '서로 나누다.', '공유하다.'라는 뜻을 나타냅니다.

말해보기

딸: 오늘, 도시락 반찬을 친구한테 조금 나눠줬어.

今日、お弁当のおかずを友だちに少し分けたよ。

[쿄-, 오벤토-노 오카즈오 토모다치니 스코시 와케타요.]

엄마: 잘했네. 또 맛있는 도시락 준비 해 줄게.

えらいね。またおいしいお弁当を用意してあげるよ。

[에라이네. 마타 오이시이 오벤토-오 요-이 시테 아게루요.]

오늘의 문장

나의 생각은 현실을 만들고, 현실은 나를 변화시킨다.

私の考えは現実を作り、現実は私を変化させる。

[와타시노 칸가에와 겐지츠오 츠쿠리, 겐지츠와 와타시오 헨카 사세루.]

따라 쓰기

私の考えは現実を作り、現実は私を変化させる。

주요단어

- 考え [칸가에] 생각

말해보기

엄마: 요즘, 뭔가 생각이 너무 많아 보이네.

最近、何か考えすぎてるみたいね。

[사이킨, 나니카 칸가에 스기테루 미타이네.]

딸: 시험 점수 때문에 고민 하고 있는 게 많아. 생각이 너무 복잡해.

テストの点数で悩んでることが多い。考えが複雑すぎる。

[테스토노 텐스-데 나얀데루 코토가 오-이. 칸가에가 후쿠자츠 스기루.]

오늘의 문장

오늘 하루, 긍정적인 마음으로 세상과 마주한다.

今日一日、前向きな気持ちで世界と向き合う。

[쿄- 이치니치, 마에무키나 키모치데 세카이토 무키아우.]

따라 쓰기

今日一日、前向きな気持ちで世界と向き合う。

주요단어

- 向き合う [무키아우] 마주하다

向き合う는 동사 向く(향하다)와 合う(합쳐지다, 결합하다)가 결합된 복합동사로, '마주 보다', '정면으로 대하다.', '문제나 사람을 직접 마주하다.'라는 뜻을 나타냅니다.

말해보기

딸: 오늘은 왠지 기분이 좋아.

今日はなんか気分がいい。

[쿄-와 난카 키분가 이이.]

엄마: 그래. 긍정적인 마음으로 시작하면, 하루가 완전히 달라.

そうね。前向きな心で始めると、一日が全然違うのよ。

[소-네. 마에무키나 코코로데 하지메루토, 이치니치가 젠젠 치가우노요.]

오늘의 문장

나는 한정된 시간 속에서 영원한 가치를 발견한다.

私は限られた時間の中で永遠の価値を発見する。

[와타시와 카기라레타 지칸노 나카데 에-엔노 카치오 학켄 스루.]

따라 쓰기

私は限られた時間の中で永遠の価値を発見する。

주요단어

- **限られた** [카기라레타]   한정된, 제한된
- **永遠** [에-엔]   영원

> 限られた는 동사 限る(제한하다)의 수동형 限られる에 과거형 ～た가 붙은 형태로, '한정된', '제한된'
> 이라는 의미로 뒤에 오는 명사를 수식합니다.

말해보기

딸: 시간이 너무 부족해.

時間が全然足りないよ。

[지칸가 젠젠 타리나이요.]

엄마: 중요한 것은, 시간이 아니라, 그 사용방법이야.

大切なのは、時間ではなく、その使い方なのよ。

[타이세츠나노와, 지칸 데와나쿠, 소노 츠카이카타나노요.]

오늘의 문장

스스로를 격려하며, 마음을 가다듬는다.

自分を励ましながら、心を整える。
じぶん　はげ　　　　　　こころ　ととの

[지분오 하게마시나가라, 코코로오 토토노에루.]

따라 쓰기

自分を励ましながら、心を整える。

주요단어

- 励ます [하게마스] 격려하다, 북돋다
- 整える [토토노에루] 정돈하다, 가다듬다

말해보기

딸: 시험 스트레스 때문에 마음이 진정되지 않아.

試験のストレスで心が落ち着かない。

[시켄노 스토레스데 코코로가 오치츠카나이.]

엄마: 주변을 깨끗이 정리해 보는 건 어때?

周りをきれいに整えてみればどう？

[마와리오 키레이니 토토노에테 미레바 도-?]

오늘의 문장

내 삶의 주인공은 나 자신이다.

自分の人生の主人公は自分自身である。
（じぶん の じんせい の しゅじんこう は じぶんじしん）

[지분노 진세-노 슈진코-와 지분지신데 아루.]

따라 쓰기

自分の人生の主人公は自分自身である。

주요단어

- **主人公** [슈진코-] 주인공

말해보기

딸: 성공한 친구를 보면, 부러워.

成功した友だちを見ると、うらやましいよ。

[세-코- 시타 토모다치오 미루토, 우라야마시이요.]

엄마: 비교하지 마. 네 인생의 주인공은 너야.

比べないで。あなたの人生の主人公はあなたよ。

[쿠라베나이데. 아나타노 진세-노 슈진코-와 아나타요.]

오늘의 문장

매 순간 최선을 다하는 삶을 살아간다.

毎瞬間最善を尽くす人生を生きていく。

[마이슌칸 사이젠오 츠쿠스 진세-오 이키테 이쿠.]

따라 쓰기

毎瞬間最善を尽くす人生を生きていく。

주요단어

- 最善 [사이젠] 최선
- 尽くす [츠쿠스] 다하다
- 生きていく [이키테 이쿠] 살아가다

〜を尽くすは '~을 다하다.'라는 의미로, 힘이나 노력을 남김없이 쏟는 상황에 사용합니다.

말해보기

딸: 요즘, 좀 지쳐서 아무것도 하기 싫어.

최근(さいきん)、ちょっと疲(つか)れて何(なに)もしたくない。

[사이킨, 춋토 츠카레테 나니모 시타쿠 나이.]

엄마: 그럴 때도 있지. 그래도, 조금만 더 최선을 다해보자.

そういう時(とき)もあるよ。でも、もう少(すこ)しだけ最善(さいぜん)を尽(つ)くしてみようね。

[소- 이우 토키모 아루요. 데모, 모- 스코시 다케 사이젠오 츠쿠시테 미요-네.]

오늘의 문장

매일 아침, 미소와 감사의 마음으로 하루를 시작한다.

毎朝、笑顔と感謝の気持ちで一日を始める。

[마이아사, 에가오토 칸샤노 키모치데 이치니치오 하지메루.]

따라 쓰기

毎朝、笑顔と感謝の気持ちで一日を始める。

주요단어

~では '~으로', '~에서', '~한 상태로'라는 의미로, 수단, 방법, 장소, 상태, 원인 등을 나타내는 조사입니다.

말해보기

딸: 엄마, 매일 아침 깨워줘서 고마워요.

お母さん、毎朝起こしてくれてありがとう。

[오카상, 마이아사 오코시테 쿠레테 아리가토-.]

엄마: 오늘도 웃는 얼굴로 하루 시작하자. 화이팅!

今日も笑顔で一日を始めよう。ファイト！

[쿄-모 에가오데 이치니치오 하지메요-. 화이토!]

오늘의 문장

모든 일이 순조롭게 흘러가리라 믿는다.

すべてが順調に進むと信じる。

[스베테가 준쵸-니 스스무토 신지루.]

따라 쓰기

すべてが順調に進むと信じる。

주요단어

- 順調 [준쵸-] 순조, 순조로움
- 信じる [신지루] 믿다

〜と信じる는 '~라고 믿다'라는 의미로, 자신의 생각이나 신념을 표현할 때 사용합니다.

말해보기

딸: 드디어 발표날이야. 잘 할 수 있을까?

いよいよ発表の日だよ。うまくできるかな？

[이요이요 핫표-노 히다요. 우마쿠 데키루카나?]

엄마: 당연하지. 네가 준비한 대로, 모두 잘 풀릴 거야. 엄마는 너를 믿어.

もちろんよ。あなたが準備した通りに、全部うまくいくわ。お母さんはあなたを信じてる。

[모치론요. 아나타가 쥰비시타 토-리니, 젠부 우마쿠 이쿠와. 오카-상와 아나타오 신지테루.]

DAY 91 ~ DAY 100 복습

❶ 주어진 단어들로 문장을 완성하세요.

1. 스스로를 격려하며, 마음을 가다듬는다.
   整える/励ましながら/自分を/心を

2. 매 순간 최선을 다하는 삶을 살아간다.
   最善を尽くす/生きていく/人生を/毎瞬間

3. 나는 한정된 시간 속에서 영원한 가치를 발견한다.
   永遠の/時間の中で/私は/発見する/限られた/価値を

4. 나의 생각은 현실을 만들고, 현실은 나를 변화시킨다.
   現実は/私の考えは/変化させる/私を/現実を作り

5. 오늘 하루, 긍정적인 마음으로 세상과 마주한다.
   気持ちで/世界と/今日一日/向き合う/前向きな

❷ 빈 칸에 들어갈 말을 적어 보세요.

6. 사랑은 나눌<u>수록</u> 깊어진다.
   愛は分かち合う(　)深まる

7. 내 삶의 <u>주인공</u>은 나 자신이다.
   自分の人生の(　)は自分自身である

8. 매일 아침, <u>미소</u>와 감사의 마음으로 하루를 시작한다.
   毎朝、(　)と感謝の気持ちで一日を始める

9. 모든 일이 <u>순조롭게</u> 흘러가리라 믿는다.
   すべてが(　)進むと信じる

10. 나는 <u>있는 그대로의</u> 나를 받아들인다.
    私は(　)自分を受け入れる

 정답

1. 自分を励ましながら、心を整える。
2. 毎瞬間最善を尽くす人生を生きていく。
3. 私は限られた時間の中で永遠の価値を発見する。
4. 私の考えは現実を作り、現実は私を変化させる。
5. 今日一日、前向きな気持ちで世界と向き合う。
6. ほど
7. 主人公
8. 笑顔
9. 順調に
10. ありのままの

끝이 아닌 새로운 시작

100일 동안 여러분은 일본어와 긍정의 힘을 함께 길러왔습니다.

이제는 책 속의 문장을 넘어, 여러분만의 문장을 쓸 차례입니다.

끝까지 해냈다는 자부심이 앞으로의 삶에서도 여러분을 지켜줄 것입니다.

오늘 이 마침표는, 또 다른 내일의 첫걸음입니다.

일본어 속담 따라 쓰기

1. 원숭이도 나무에서 떨어진다

猿(さる)も木(き)から落(お)ちる   猿も木から落ちる

[사루모 키카라 오치루]

2. 시간은 돈이다

時間(じかん)は金(かね)なり   時間は金なり

[지칸와 카네나리]

3. 급할수록 돌아가라

急(いそ)がば回(まわ)れ   急がば回れ

[이소가바 마와레]

4. 금강산도 식후경

花(はな)より団子(だんご)   花より団子

[하나요리 단고]

| "꽃보다 경단"이라는 뜻으로, 겉모습보다 실속을 더 중시한다는 의미입니다.

5. 도토리 키재기

どんぐりの背比べ

[돈구리노 세-쿠라베]

6. 웃으면 복이 온다

笑う門には福来たる

[와라우 카도니와 후쿠 키타루]

7. 우물 안 개구리

井の中の蛙、大海を知らず

[이노 나카노 카에루, 타이카이오 시라즈]

8. 소 잃고 외양간 고친다

後の祭り

[아토노 마츠리]

| 일이 모두 끝난 뒤에 벌이는 축제(祭り)처럼, 이미 때는 늦었음을 비유하는 말입니다.

9. 언 발에 오줌 누기

焼け石に水
[야케이시니 미즈]

焼け石に水

| 뜨겁게 달아오른 돌에 물 한 방울을 부어도 소용없듯이, 효과가 전혀 없다는 뜻입니다.

10. 그림의 떡

高嶺の花
[타카네노 하나]

高嶺の花

| 멀리 높은 산봉우리에 피어 감히 손댈 수 없는 꽃처럼, 바라만 볼 뿐 가질 수 없는 것을 의미합니다.

11. 세 살 버릇 여든까지 간다

三つ子の魂百まで
[미츠고노 타마시이 햐쿠마데]

三つ子の魂百まで

| "세 살 아이의 영혼이 백 살까지 간다"는 뜻으로, 우리나라 속담과 유사합니다.

12. 침묵은 금이다

言わぬが花
[이와누가 하나]

言わぬが花

| "말하지 않는 것이 꽃이다"라는 뜻으로, 직설적으로 말하기보다 침묵하거나 삼가는 편이 더 좋은 경우를 비유합니다.

13. 작심삼일

三日坊主
<ruby>みっかぼうず</ruby>

[믹카보-즈]

> 삼일 만에 그만두는 스님처럼, 결심이 오래가지 못하고 쉽게 포기하는 것을 뜻합니다.

14. 백문이 불여일견

百聞は一見に如かず
<ruby>ひゃくぶん いっけん し</ruby>

[햐쿠분와 익켄니 시카즈]

15. 호랑이도 제 말 하면 온다

噂をすれば影が差す
<ruby>うわさ かげ さ</ruby>

[우와사오 스레바 카게가 사스]

> "소문을 이야기하면 그 사람의 그림자가 나타난다"는 뜻으로, 우리나라 속담의 '호랑이' 대신 '그림자'로 표현합니다.

16. 눈 가리고 아웅

臭い物に蓋をする
<ruby>くさ もの ふた</ruby>

[쿠사이 모노니 후타오 스루]

> "냄새나는 것에 뚜껑을 덮는다"는 뜻으로, 문제를 근본적으로 해결하지 않고 겉만 덮어 감추는 상황을 비유합니다.

17. 소 귀에 경 읽기

馬の耳に念仏
うま　みみ　ねんぶつ

馬の耳に念仏

[우마노 미미니 넨부츠]

"말의 귀에 염불"이라는 뜻으로, 우리나라 속담의 '소' 대신 '말'을 사용하여 아무리 가르쳐도 효과가 없음을 비유합니다.

18. 오는 정이 있어야 가는 정이 있다

魚心あれば水心
うおごころ　　　みずごころ

魚心あれば水心

[우오고코로 아레바 미즈고코로]

"물고기의 마음이 있으면 물도 마음이 있다"는 말처럼, 상대방이 호의를 보이면 나도 그에 맞추어 호의로 응한다는 의미입니다.

19. 똥 묻은 개가 겨 묻은 개를 나무란다

猿の尻笑い
さる　しりわら

猿の尻笑い

[사루노 시리 와라이]

원숭이가 자기 엉덩이는 보지 못하고 남의 엉덩이를 보고 웃는다는 뜻입니다.

20. 옷이 날개

馬子にも衣装
まご　　　いしょう

馬子にも衣装

[마고니모 이쇼-]

"'마부(馬子)'도 옷을 잘 입으면 훌륭해 보인다"는 뜻으로, '옷이 날개'와 같은 의미입니다.

핵심 단어 200개 따라 쓰기

번호	단어	발음	뜻	따라 쓰기
1	諦める	あきらめる	포기하다	
2	与える	あたえる	주다	
3	ある	ある	있다	
4	歩く	あるく	걷다	
5	生かす	いかす	살리다	
6	生きる	いきる	살다	
7	抱く	いだく	안다	
8	描く	えがく	그리다	
9	選ぶ	えらぶ	고르다	
10	得る	える	얻다	
11	起こす	おこす	일으키다	
12	教える	おしえる	알려주다	
13	訪れる	おとずれる	찾아오다	
14	覚える	おぼえる	기억하다	
15	思う	おもう	생각하다	
16	折る	おる	꺾다	
17	変える	かえる	바꾸다	
18	輝かせる	かがやかせる	빛내다	

번호	단어	발음	뜻	따라 쓰기
19	輝く	かがやく	반짝이다	
20	変わる	かわる	변하다	
21	感じる	かんじる	느끼다	
22	築く	きずく	쌓다	
23	超える	こえる	넘다	
24	試みる	こころみる	시도하다	
25	怖がる	こわがる	두려워하다	
26	探す	さがす	찾다	
27	叫ぶ	さけぶ	외치다	
28	信じる	しんじる	믿다	
29	過ごす	すごす	보내다	
30	進む	すすむ	나아가다	
31	耐える	たえる	버티다	
32	倒れる	たおれる	넘어지다	
33	楽しむ	たのしむ	즐기다	
34	近づく	ちかづく	다가가다	
35	作る	つくる	만들다	
36	伝える	つたえる	전하다	
37	続く	つづく	계속되다	
38	照らす	てらす	밝히다	
39	閉じる	とじる	감다	
40	整える	ととのえる	가다듬다	
41	止まる	とまる	멈추다	

번호	단어	발음	뜻	따라 쓰기
42	なる	なる	되다	
43	抜ける	ぬける	빠지다	
44	残す	のこす	남기다	
45	望む	のぞむ	바라다	
46	励ます	はげます	격려하다	
47	始める	はじめる	시작하다	
48	開く	ひらく	열다	
49	広がる	ひろがる	넓어지다	
50	深まる	ふかまる	깊어지다	
51	見える	みえる	보이다	
52	満たす	みたす	채우다	
53	満ちる	みちる	차다	
54	向かう	むかう	향하다	
55	結ぶ	むすぶ	맺다	
56	許す	ゆるす	용서하다	
57	笑う	わらう	웃다	
58	愛	あい	사랑	
59	朝	あさ	아침	
60	明日	あした	내일	
61	汗	あせ	땀	
62	意志	いし	의지	
63	一日	いちにち	하루	
64	今	いま	지금	

번호	단어	발음	의미	따라 쓰기
65	意味	いみ	의미	
66	永遠	えいえん	영원	
67	笑顔	えがお	웃는 얼굴	
68	エネルギー	エネルギー	에너지	
69	縁	えん	인연	
70	恐れ	おそれ	두려움	
71	過去	かこ	과거	
72	価値	かち	가치	
73	過程	かてい	과정	
74	可能性	かのうせい	가능성	
75	壁	かべ	벽	
76	関係	かんけい	관계	
77	感謝	かんしゃ	감사	
78	感情	かんじょう	감정	
79	機会	きかい	기회	
80	危機	きき	위기	
81	昨日	きのう	어제	
82	希望	きぼう	희망	
83	気持ち	きもち	기분	
84	今日	きょう	오늘	
85	教訓	きょうくん	교훈	
86	記録	きろく	기록	
87	空気	くうき	공기	

번호	단어	발음	뜻	따라 쓰기
88	計画	けいかく	계획	
89	経験	けいけん	경험	
90	限界	げんかい	한계	
91	現実	げんじつ	현실	
92	声	こえ	목소리	
93	心	こころ	마음	
94	言葉	ことば	말	
95	根気	こんき	끈기	
96	困難	こんなん	어려움	
97	最高	さいこう	최고	
98	最善	さいぜん	최선	
99	ささやか	ささやか	소소함	
100	幸せ	しあわせ	행복	
101	失敗	しっぱい	실패	
102	試練	しれん	시련	
103	時間	じかん	시간	
104	自分	じぶん	자신	
105	自由	じゆう	자유	
106	習慣	しゅうかん	습관	
107	充実	じゅうじつ	충실	
108	十分	じゅうぶん	충분함	
109	主人公	しゅじんこう	주인공	
110	瞬間	しゅんかん	순간	

번호	단어	발음	뜻	따라 쓰기
111	順調	じゅんちょう	순조로움	
112	障害	しょうがい	장애	
113	信頼	しんらい	신뢰	
114	人生	じんせい	인생	
115	姿	すがた	모습	
116	成長	せいちょう	성장	
117	世界	せかい	세상	
118	責任	せきにん	책임	
119	選択	せんたく	선택	
120	想像	そうぞう	상상	
121	尊重	そんちょう	존중	
122	大切	たいせつ	소중함	
123	態度	たいど	태도	
124	知恵	ちえ	지혜	
125	違い	ちがい	차이	
126	力	ちから	힘	
127	チャンス	チャンス	기회	
128	挑戦	ちょうせん	도전	
129	強み	つよみ	강점	
130	出会い	であい	만남	
131	出口	でぐち	출구	
132	到達	とうたつ	도달	
133	時	とき	때	

번호	단어	발음	뜻	따라 쓰기
134	努力	どりょく	노력	
135	内面	ないめん	내면	
136	日常	にちじょう	일상	
137	忍耐	にんたい	인내	
138	願い	ねがい	소망	
139	始まり	はじまり	시작	
140	発見	はっけん	발견	
141	人	ひと	사람	
142	表現	ひょうげん	표현	
143	舞台	ぶたい	무대	
144	平安	へいあん	평안	
145	変化	へんか	변화	
146	冒険	ぼうけん	모험	
147	誇り	ほこり	자랑	
148	星	ほし	별	
149	毎朝	まいあさ	매일아침	
150	毎日	まいにち	매일	
151	前向き	まえむき	긍정적	
152	周り	まわり	주변	
153	満足	まんぞく	만족	
154	実	み	열매	
155	道	みち	길	
156	未来	みらい	미래	

번호	단어	발음	뜻	따라 쓰기
157	胸	むね	가슴	
158	目	め	눈	
159	目標	もくひょう	목표	
160	勇気	ゆうき	용기	
161	夢	ゆめ	꿈	
162	余裕	よゆう	여유	
163	喜び	よろこび	기쁨	
164	理解	りかい	이해	
165	私	わたし	나	
166	受け入れる	うけいれる	받아들이다	
167	思い出す	おもいだす	떠올리다	
168	過ぎ去る	すぎさる	지나가다	
169	乗り越える	のりこえる	극복하다	
170	やり遂げる	やりとげる	해내다	
171	一番	いちばん	가장	
172	確実に	かくじつに	확실히	
173	必ず	かならず	반드시	
174	軽く	かるく	가볍게	
175	代わりに	かわりに	대신에	
176	心から	こころから	진심으로	
177	最後まで	さいごまで	끝까지	
178	しっかり	しっかり	단단히	
179	少しずつ	すこしずつ	조금씩	

번호	단어	발음	뜻	따라 쓰기
180	素直に	すなおに	솔직하게	
181	すべて	すべて	모두	
182	たくさん	たくさん	많이	
183	楽しく	たのしく	즐겁게	
184	通じて	つうじて	통틀어	
185	強く	つよく	강하게	
186	中で	なかで	속에서	
187	はっきり	はっきり	선명하게	
188	再び	ふたたび	다시	
189	もっと	もっと	더	
190	よく	よく	잘	
191	温かい	あたたかい	따뜻하다	
192	新しい	あたらしい	새롭다	
193	ありがたい	ありがたい	감사하다	
194	大きい	おおきい	크다	
195	遅い	おそい	늦다	
196	固い	かたい	단단하다	
197	暗い	くらい	어둡다	
198	正しい	ただしい	올바르다	
199	小さい	ちいさい	작다	
200	広い	ひろい	넓다	

에필로그

100일 동안 함께한
일본어 필사 여행을 마치며

여러분, 100일 동안 하루 한 문장씩 일본어 긍정확언과 함께해 오신 여정을 진심으로 축하드립니다. 처음 이 책을 펼쳤을 때는 일본어가 낯설고 어렵게 느껴지셨을지 모르지만, 하루하루 쌓아온 꾸준함 덕분에 이제는 훨씬 더 친근하고 익숙해지셨으리라 믿습니다.

처음에는 글자도 잘 외워지지 않고, 한자와 문법이 복잡해 포기하고 싶었던 분들도 계셨을 겁니다. 하지만 이 100일의 과정을 지나면서 일본어가 조금씩 일상 속에 스며들고, 자연스럽게 받아들여지셨으리라 생각합니다.

이 책은 단순히 일본어 문장을 배우는 데 그치지 않고, 긍정확언을 통해 삶의 지혜와 긍정적인 마음가짐을 함께 나누고자 했습니다. 성장, 용기,

인내, 행복, 꿈 등 우리 모두에게 소중한 가치들을 매일의 문장 속에서 되새기며, 일본어 실력과 함께 마음의 힘도 한층 자라나셨기를 바랍니다.

  100일 동안 익혀온 단어와 문법은 이제 여러분의 것이 되었고, 일본어로 된 짧은 문장을 읽고 이해하는 능력도 분명 향상되었을 것입니다. 물론 언어 학습은 끝이 없는 여정입니다. 이번 100일은 그 시작일 뿐이며, 앞으로도 꾸준히 이어가는 작은 노력이 큰 성과를 만들어 줄 것입니다.

  이번 경험을 발판 삼아, 앞으로도 매일 조금씩 즐겁게 일본어와 함께하는 시간을 이어가시길 바랍니다. 여러분의 꿈과 목표가 이 경험을 통해 한층 더 가까워지기를 진심으로 응원합니다.
  100일의 여정은 여기서 마무리되지만, 여러분의 일본어 여정은 이제 막 시작되었습니다. 그 길 위에서 언제나 용기와 희망이 함께하길 바랍니다. 따뜻한 마음으로, 늘 응원하겠습니다.

정규옥 올림